Branca Alves de Lima

CAMINHO SUAVE

COMUNICAÇÃO E EXPRESSÃO
4.ª SÉRIE – 1.º GRAU

(De acordo com os Guias Curriculares)

———::———

Com "Manual do Professor" contendo orientação específica lição por lição

18.ª Edição

LIVRO RENOVADO – NÃO CONSUMÍVEL

editora

"caminho suave" limitada

Cód. Postal - 01508 - Rua Fagundes, 157 (Liberdade)
Fone: 278-3377
SÃO PAULO

1990

Dados de Catalogação na Publicação (CIP) Internacional
(Câmara Brasileira do Livro, SP, Brasil)

Lima, Branca Alves de

L696c Caminho Suave : Comunicação e Expressão : 4.ª série, 1.° grau /
4.ª Branca Alves de Lima : 18.ª ed. — São Paulo : Caminho Suave, 1990.
18.ª ed.

"Livro renovado, não consumível".

Suplementado por manual do professor.

1. Comunicação e Expressão (1.° grau) 2. Linguagem (1.° grau) 3. Livros de leitura I. - II. Título.

CDD-372.412
85-0264 -372.6

Índices para catálogo sistemático:

1. Comunicação e Expressão : Ensino de 1.° grau 372.6
2. Leitura : Livros-texto : Ensino de 1.° grau 372.412
3. Linguagem : Ensino de 1.° grau 372.6
4. Livros de leitura: Ensino de 1.° grau 372.412

Capa: EDUARDO CARLOS PEREIRA (Edú)

Ilustrações: EDUARDO CARLOS PEREIRA (Edú) e HUGO ARRUDA CASTANHO JÚNIOR

Diagramação: BRANCA ALVES DE LIMA

Fotolitos: MATTAVELLI LASER FOTOLITO LTDA.

SUMÁRIO

N.os	LIÇÕES	SEQÜÊNCIA ORTOGRÁFICA	SISTEMATIZAÇÃO GRAMATICAL	REDAÇÃO (Expressão Escrita)
10	LENDA DO AMENDOIM Página 57	Palavras com: **ss** **s** inicial **s** com som de **z**	Substantivos coletivos Separar orações do período Palavras homônimas Palavras que formam o feminino diferente do masculino Antônimos (Revisão)	Formar orações com expressões dadas Elaborar carta com roteiro
11	NASCE UMA VILA Página 62	**s** com som de **z** Sílabas travadas com **r**	Artigos definidos e indefinidos Verbo Orações do período Substantivos compostos masculino — feminino	Entrevista Interpretação de desenho Interpretar códigos
12	HÁ ALGUÉM MAIS LINDO DO QUE EU? Página 68	**qua que qui** Sílabas travadas com **n** Grupos consonantais: **br fr gr pr**	Substantivo comum de dois Coletivos	Elaboração de ficha Treino de diálogo Dramatizar conversa simulada pelo telefone
13	BRAÇOS E CANAVIAIS Página 73	Treino dos cinco sons do **x** (Revisão) Palavras com as sílabas: **ins cons trans** Acentuação	Substantivo comum de dois Substantivo primitivo e derivado Graus do substantivo	Elaborar texto com tema conhecido Inventar uma aventura
14	O INIMIGO ESTÁ À ESPREITA Página 78	**r** intercalado na sílaba Grupos de consoantes **br cr dr fr gr pr tr vr**	Separar orações do período Sujeito e predicado da oração Acento grave (crase) Desinência verbal em: **ar er ir** Normas para usar o dicionário	Reorganizar fatos Diálogo em balões Descrição com roteiro
15	AS PLANTAS SENTEM? Página 84	Acentuar palavras terminadas em: **ária éria íria ória úria**	Adjetivos Plural de substantivos compostos Aumentativos	Escrever mensagens em balões Anúncio História a partir de um começo
16	O SONHO DAS ESMERALDAS Página 90	Completar palavras com **l** ou **u**	Adjetivos **Há** (com agá) e **a** (sem h) Sujeito simples e composto Tempos do verbo Completar palavras com **in** ou **im**	Organizar roteiro Decifrar códigos
17	MÃE Página 96	**ss** **s** com som de **z** **s** pós-consoante **r** pós-consoante	Graus do adjetivo: Prefixo **des** Sílaba tônica (Revisão)	Descrever a mãe, seguindo roteiro Elaborar mensagem com palavras dadas
18	JOANINHA A VACA BRAVA Página 101	Auto-ditado para treino, fixação e automatização de palavras do texto	Graus do adjetivo comparativo de superioridade com: **melhor — pior** **maior — menor** Conjunção Pronomes retos e oblíquos	Descrever um animal de estimação

N.os	LIÇÕES	SEQÜÊNCIA ORTOGRÁFICA	SISTEMATIZAÇÃO GRAMATICAL	REDAÇÃO (Expressão Escrita)
19	O PESCOÇO DA GIRAFINHA Pág. 107	Palavras com **ç** Sílabas **ins cons trans**	Grau Superlativo do adjetivo. Relação de superlativos. Pronomes do caso oblíquo. Concordância do adjetivo com o substantivo Palavra principal do sujeito.	Responder uma carta Descrever passeio realizado
20	O IMPOSTO Pág. 113	**h** inicial Pesquisar e copiar palavras com a sílaba **ex**	Numerais: cardinais, ordinais, multiplicativos e fracionários. Relação de numerais. Sufixo **oso**	Descrição criadora com elementos do texto. Roteiro para descrever uma excursão.
21	À PROCURA DE UM NINHO Pág. 118	Palavras terminadas em **z** singular e plural acentuação **qua que qui**	Pronomes possessivos, demonstrativos e indefinidos. Pessoas do verbo. Exercícios estruturais com os verbos: nascer e vigiar	Diálogo em balões
22	A IGUALDADE Pág. 125	**Dígrafos:** **rr ss qu gu** Prefixo **ex**	Pronomes de tratamento. Tempos: pretérito e futuro. Terminações ão e am. Sufixo eira. Sujeito e predicado (Revisão)	Descrever o lugar onde mora, de acordo com roteiro apresentado.
23	RETIRANTES Pág. 130	Divisão silábica de palavras com vogais iguais Ex.: ca-a-tin-ga ál-co-ol	Palavra principal do sujeito. Palavra principal do predicado. Pretérito perfeito e imperfeito. Pretérito mais-que-perfeito. Formas nominais do verbo. Interjeições.	Descrição com roteiro. Emitir opinião, dando sugestões.
24	QUEM É SEU MELHOR AMIGO? Pág. 136	Palavras com **g** e **j** inicial e intercalado nas palavras **s** com som de **z**	Preposição Verbos regulares Tempos: futuro do presente pretérito imperfeito	Descrever o pai, seguindo um roteiro.
25	É NOSSO O "OURO NEGRO" Pág. 141	Consoantes sonantes desacompanhadas de vogal	Palavras primitivas e derivadas (Revisão) Objeto direto e indireto. Modos e tempos dos verbos regulares.	Roteiro para descrever um presente recebido no Natal.
26	A MORTE DE PAPAI NOEL Pág. 146	Consoantes sonantes desacompanhadas de vogal Palavras com dois acentos	Objeto direto e indireto (Revisão) Verbos regulares Exercícios estruturais com verbos regulares.	Composição criadora. Escrever mensagem de Natal, com normas dadas.
27	UMA AVENTURA ESPACIAL Pág. 152	Os cinco sons do **x** (Revisão) Palavras com: **ins cons trans** (Revisão)	Sujeito e predicado (Revisão) Advérbio Modos e formas nominais do verbo **pôr**	Contar história original, de modo diferente. Composição criadora. Descrição motivada.

ÍNDICE

PRIMEIRA UNIDADE (**Comunicação**)

SEGUNDA UNIDADE (**Homens — Animais — Plantas**)

TERCEIRA UNIDADE (**Como vivem os homens e os animais**)

Minha mensagem para você

No início deste ano, você recebeu o "Caminho Suave" n.º 4, para acompanhar suas conquistas em leitura. Que são conquistas em leitura?

São habilidades de ler:

- observando a pontuação;
- pronunciando bem as palavras;
- entendendo as mensagens;
- resumindo o que leu.

E você já está habilitado (a) a tudo isso.

A leitura é um mundo maravilhoso, que será descoberto e explorado pela sua curiosidade.

Você está crescendo como leitor.

Mas, não encerre suas leituras na última página deste livro.

Há ainda coisas interessantes nesse mundo "do ler".

Vamos em frente, lendo livros bons da nossa literatura que é tão rica!

Você poderá, ainda, através da leitura de jornais e de revistas, tomar conhecimento de assuntos atuais e curiosos que o (a) tornarão uma pessoa informada e por dentro do que ocorre no Brasil e no mundo.

Você é um (a) jovem feliz, porque, por esse Brasil afora, há crianças que esperam a sua vez de aprender a ler e descobrir coisas novas.

É nos livros que se descobrem curiosidades sobre a Terra, os mares, as florestas. São as lendas que mantêm a chama de nossa brasilidade.

Você viaja, sonha e conquista o mundo através da leitura.

Que os livros sejam seus amigos hoje e sempre!

A autora

COMUNICAÇÃO

Se você quiser se comunicar com alguém ou com seu coleguinha aí ao lado, é fácil: use a linguagem.

Até os mudos falam. Por mímica. Igualmente, podemos falar sem usar palavras, quer ver?

Dê um sorriso — e dirão que você está feliz.

Chore — e dirão, em seguida, que você está triste.

O homem, desde as mais remotas eras, se comunicou por meio de imagens e de sons.

O habitante das cavernas se expressava através de:

grunhidos

gritos

gestos

traços na pedra

Além da comunicação falada, os índios têm uma variedade de sinais pelos quais se comunicam entre si ou com outra tribo.

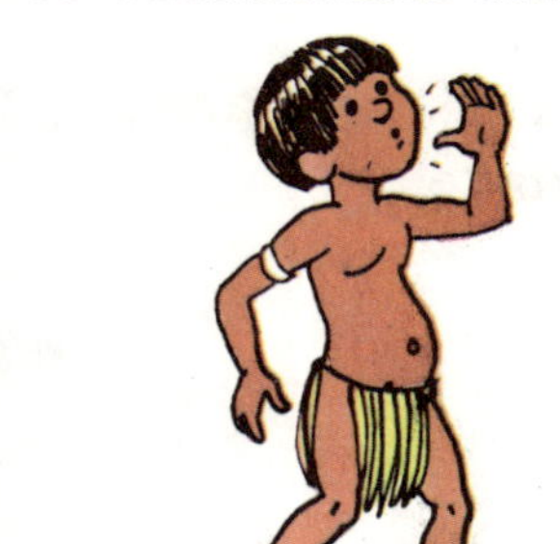

o assobio
e gestos

a fumaça
das fogueiras

o tam-tam
dos tambores

pedras, ramos
ou um pau espetado
no chão

Os animais também se expressam. Comece a observar:

O cão latindo e movendo a cauda.

O gato miando, em pé, nas patas traseiras.

As aves piando e movendo as penas.

As formas de comunicação são variadas:

audição

fala

canto

gestos

leitura

escrita

I - ESTUDO DO VOCABULÁRIO

1 - **Leia e compare:**

Os mudos falam por **mímica.**
Os mudos falam por **gestos.**
Você viu que, as palavras grifadas significam a mesma coisa.

> As palavras que têm o mesmo significado chamam-se **sinônimas**

2 - **Procure no glossário e copie as orações, substituindo as palavras grifadas pelos sinônimos:**

O índio usa **sinais** na mata.
Sabe **gesticular** e fazer **mímica.**

3 - Copie do glossário os sinônimos de **comunicação** e de **linguagem.**
Forme orações com essas palavras.

II - ENTENDIMENTO DO TEXTO

1 - **Responda em seu caderno, copiando as perguntas:**

- Onde moravam os homens primitivos?
- Como se comunicavam?
- Que meios usam os mudos para falar?
- Como podemos nos comunicar sem usar palavras?

2 - **Copie e complete as orações com a expressão certa no lugar da ☆ :**

gestos **leitura** **escrita** **audição** **voz**

Quando você ouve, usa ☆ .
Quando fala, usa ☆ .
Quando gesticula, usa ☆ .
Quando escreve, usa ☆ .
Quando lê, usa ☆ .

3 - **De acordo com o texto, complete em seu caderno:**

O choro significa ☆ .
O sorriso significa ☆ .

4 - **Copie da lição os sinais usados pelos índios para a comunicação.**

III - TREINO ORTOGRÁFICO

1 - **Procure no texto palavras com as sílabas abaixo.**
Copie em seu caderno separando em colunas:

gua gue gui

2 - **Copie completando as palavras com** c **ou** s

fá ☐ il
qui ☐ er
vo ☐ ê
u ☐ ar
come ☐ e
sorri ☐ o

3 - **Copie do texto 4 palavras com** qua que qui

IV - ATIVIDADES GRAMATICAIS

1 - **Leia:**

Os mudos se comunicam por mímica.
Os mudos não se expressam por palavras orais.

2 - **Você leu e entendeu**

A 1.ª oração declara que os mudos se comunicam por mímica.
A 2.ª oração declara que os mudos não se expressam oralmente.

Oração é uma reunião de palavras que significam alguma coisa. Tem sentido completo.

As orações que declaram alguma coisa chamam-se: **orações declarativas**

As orações declarativas podem ser:

Afirmativas	**Negativas**
Nós falamos por sinais.	Nós **não** falamos por sinais.
Use a mímica.	**Nunca** use a mímica.
Ela viu o cantor.	**Ninguém** viu o cantor.
Os cães latiram.	Os cães **jamais** latiram.

3 - Transforme as orações **afirmativas** em **negativas.**

a) Os índios se comunicam por uma variedade de sinais.
b) Os animais se expressam com facilidade.
c) As formas de comunicação são variadas.

4 - **Forme orações declarativas**

Afirmativas com:	**Negativas** com:
tambor	fumaça
assobio	mímica
linguagem	gestos

5 - **Veja a palavra** fogueira . Ela é formada d**e oito** letras.

Escreva palavras com: 3 letras — 5 letras — 8 letras.

6 - **A reunião das letras forma o** alfabeto . Leia o alfabeto minúsculo:

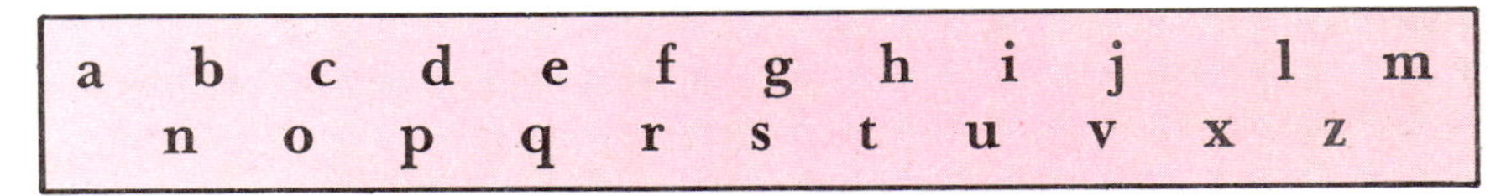

a b c d e f g h i j l m
n o p q r s t u v x z

Escreva em ordem alfabética:

chão **assobio** **gente** **índio** **pedra** **fogueira**

7 - **Agora veja as palavras:**

Amazonas **Brasília** **Ceará**

Elas começam com letras maiúsculas.
Usa-se o alfabeto maiúsculo no começo de orações e para escrever nomes próprios de pessoas, lugares, países etc.

8 - **Leia e copie o alfabeto maiúsculo:**

A B C D E F G H I J L M
N O P Q R S T U V X Z

9 - **Copie as orações e circule de vermelho as letras maiúsculas.**

Marcos saiu cedo de casa.
Foi até à margem do rio Jaraguá.
Lá encontrou seu amigo Francisco.
Ele convidou o menino para irem até à Chácara Taquaral.

10 - **Para você concluir e responder:**

a) No texto acima, há quantas palavras com letras maiúsculas ?
b) Por que foram escritas assim ?

11 - **Vamos recordar.** Leia as orações:

Chore — e dirão que você está **triste.**
Ria — e dirão que você está **alegre.**

As palavras **triste** e **alegre** significam o contrário.

> As palavras que significam o contrário chamam-se:
> **antônimas**

12 - **Copie as orações substituindo as palavras grifadas pelos antônimos:**

a) Você chegou **tarde.**
b) Eu moro **longe.**
c) O café está muito **quente.**
d) Que tênis **caro!**

V - REDAÇÃO

O Mauro vai se comunicar com o Fernando. Leia o bilhete.

Fernando
A que horas virá à minha casa para fazermos a pesquisa de Estudos Sociais?
Responda.
15/3/1985 Mauro

Ajude o Fernando a responder o bilhete de seu colega.

Bilhete é um meio de Comunicação entre pessoas que se encontram distantes.
O bilhete é uma mensagem rápida.
Quem escreve é o **remetente.**
Quem recebe é o **destinatário.**

O bilhete deve ter:

- nome da pessoa a quem é dirigido:
- assinatura de quem o escreveu;
- assunto bem resumido;
- data.

SINAL DE ALARME NA MATA

Era dia de festa na taba dos carajás.

Bem cedo o cacique chamou o pequeno índio:

— Iberê, vai à mata buscar flores silvestres, para enfeitar os cabelos das cunhantains.

Traga também cipó grosso para o arco dos curumins.

Iberê partiu como um raio.

Seu corpo pequenino desapareceu entre as árvores da floresta.

De repente, numa clareira, Iberê viu dois paus cruzados no chão.

Parou assustado.

Aquele sinal era uma linguagem.

O indiozinho sabia que não poderia seguir o caminho.

Dois paus cruzados significavam:

— Pare! O perigo vem aí!

Voltou e atravessou o rio a nado, para apanhar as flores e os cipós.

Soube mais tarde que "igaratê", uma onça feroz, andava pelas redondezas, devorando os animais.

I - ESTUDO DO VOCABULÁRIO

1 - **Copie as orações substituindo as palavras grifadas pelos sinônimos. Olhe no glossário.**

O **cacique** dos **Carajás** chamou Iberê.

— **Curumim,** vai buscar flores **silvestres** para as **cunhantains.**

O indiozinho viu um sinal de **alarme** na mata.

Passou pela **clareira** e voltou à **taba.**

Soube que "**igaratê**" andava pelas **redondezas.**

2 - **Forme orações usando as expressões:**

atravessou o rio a nado
clareira da mata
sinal de alarme
flores e frutos

II - ENTENDIMENTO DO TEXTO

1 - **Copie no caderno o parágrafo que conta a que tribo pertenciam os índios.**

2 - **Responda:**

a) Quem era o chefe da tribo?
b) Que viu o índio na clareira?
c) Que significa o sinal deixado pelos índios?

3 - **Releia a história, copie a atividade e complete com a resposta certa:**

Nome do pequeno índio —
Quem chamou Iberê —
Nome do animal feroz —

4 — **Quais os fatos principais da lição?**

5 - **O texto poderá ser dividido em três partes:**

Início — O cacique incumbe Iberê de ir à mata.

Meio — A partida do indiozinho e o encontro do sinal de alarme.

Fecho — A solução dada por Iberê para atender à ordem do cacique e o significado dos paus cruzados.

a) **Copie o início da lição na ordem em que os fatos aparecem no texto:**

o cacique chamou o indiozinho
havia festa na taba
pediu também cipó grosso
mandou buscar flores silvestres

b) **Copie no caderno o meio da história.**

c) Finalizando, conte de que perigo **escapou o indiozinho.**

III - TREINO ORTOGRÁFICO

1 - **Copie do texto palavras com** ce — ci . Forme orações com elas.

2 - **Faça uma pesquisa, em jornais e revistas, e cole palavras no "Caderno de Ortografia".**

10 palavras com as sílabas **ce — ci**

10 palavras com **se — si** no início.

3 - **Copie estas palavras completando-as com** s :

fe □ ta　　flore □　　silve □ tre

bu □ car　　flore □ ta　　assu □ tado

IV - ATIVIDADES GRAMATICAIS

1 - **As letras** do Alfabeto **se dividem em** vogais **e** consoantes.

As vogais são **a e i o u**

Elas entram na formação de todas as palavras.

2 - **Escreva o nome de três animais começando com vogais.**

3 - **Copie as palavras abaixo em seu caderno e assinale as vogais de vermelho:**

perigo　　curumim　　flores

festa　　índio　　mata

4 - **Aqui está o alfabeto minúsculo. As vogais você conhece,**

Copie as consoantes:

a	b	c	d	e
f	g	h	i	j
l	m	n	o	p
q	r	s	t	u
	v	x	z	

5 - **Copie e complete as palavras com uma consoante:**

ca □ ique　　ca □ alo　　fa □ or　　sina □

7 - **Escreva o nome de cinco coisas da sala de aula começando por consoante.**

8 - **Repare nas palavras:**

Kombi Tanaka	Wilson Show	Ykeda Disneylândia

Estão escritas com as letras abaixo, que não pertencem ao nosso alfabeto.

K (cá) | **W** (dáblio) | **Y** (ípsilão)

Elas aparecem em palavras estrangeiras e em algumas abreviaturas. Veja:

Km = quilômetro | **Kg** = quilograma

9 - **Veja como podemos classificar orações e frases:**

Quem era Iberê?	A oração que pergunta alguma coisa chama-se **interrogativa.** Termina com **ponto de interrogação.** ?
Iberê era forte!	A oração que indica admiração ou espanto chama-se **exclamativa.** Termina com **ponto de exclamação.** !
Vá buscar cipó.	A oração que dá uma ordem chama-se: **imperativa.**
Tomara que chova! Seja feliz!	A oração que encerra um desejo chama-se: **optativa.**

10 - Com a palavra **floresta** escreva orações:

interrogativa | **exclamativa** | **imperativa**

11 - **Veja o modelo e classifique as frases e orações em:**
(declarativa, imperativa, interrogativa, exclamativa e optativa)

Venha aqui imediatamente! — É imperativa

a) Vá buscar cipó.

b) Onde andará aquele curumim?

c) Tomara que ele chegue logo!

d) Que lindas flores!

e) Não encontrei o cipó.

12 - Escreva orações com a palavra floresta

13 - Leia:

O cacique falou sozinho.

O cacique e Iberê conversaram.

A "fala" de uma só pessoa chama-se **monólogo.**

A fala entre duas ou mais pessoas chama-se **diálogo.**

14 - Veja outra maneira de escrever o diálogo:

O cacique perguntou e Iberê respondeu:

— Você trouxe os cipós?

— Eu trouxe cipós e flores.

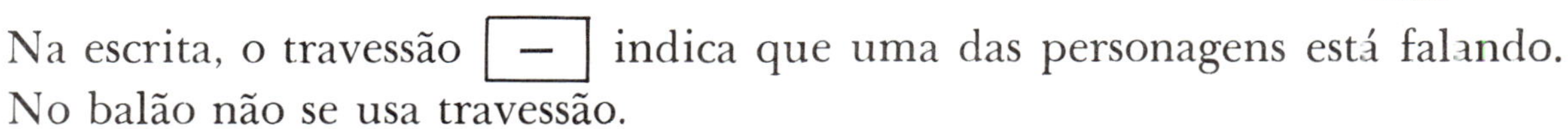

Na escrita, o travessão — indica que uma das personagens está falando.
No balão não se usa travessão.

15 - Passe o diálogo para balões. Faça o desenho em seu caderno.

O cacique falou a Iberê:

— Vai à taba buscar flecha.

O indiozinho respondeu:

— Vou e volto logo.

V - REDAÇÃO

1 - **Conte, em seu caderno, um perigo pelo qual você ou alguém passou.**

Siga o roteiro:

Qual foi e em que local?
Que idade você tinha?
Como aconteceu?
Houve mais pessoas envolvidas?
Quais as conseqüências?

2 - **Veja e observe os dois avisos nas placas.** Um com palavras e outro com desenho.

3 - Faça dois avisos em seu caderno: um com desenho e outro com palavras escritas para serem colocadas na entrada da mata com a informação:

AQUI HÁ MUITAS COBRAS

4 - Se você não soubesse nadar e visse na mata o aviso que Iberê encontrou, como iria buscar os cipós e as flores ?

VI - PENSE E ESCREVA

1 - Um cão está latindo para um menino com estilingue.
Que aconteceu ?

2 - Você vê fumaça na floresta.
Que estará acontecendo ?

3 - O chão está molhado.
Explique por que.

4 - Olhe quantas pegadas na areia da praia !
Qual o significado ?

OS TEMPOS MUDARAM

Matias e um grupo de colegas resolveram fazer uma viagem de estudos a uma aldeia indígena nas selvas amazônicas, para observar seus usos e costumes.

Enfrentando inúmeras dificuldades, chegaram à taba.

Preocupados com a recepção que iriam ter, aproximaram-se do chefe indígena, tentando fazer-se entender através de resmungos e de gestos.

Um dos visitantes dirigiu-se ao cacique e arriscou a pergunta em tupi-guarani:

— Narai-terê ? (Como é seu nome ?)

Mas, para grande surpresa de todos, o chefe respondeu em português:

— Meu nome Pirauê. Povo nosso recebe branco em paz.

Em seguida, encaminhou-os até um grupo de índios que, acocorados a um canto da oca, ouviam uma notícia sensacional, através de um radinho de pilha:

— Atenção ! Atenção !

Será lançado, num futuro próximo, o primeiro satélite brasileiro, que acusará as riquezas do nosso subsolo, os mananciais desconhecidos, as florestas devastadas, as queimadas, a poluição e as secas.

Matias olhou para os companheiros e disse:

— É. Os tempos mudaram . . .

I - ESTUDO DO VOCABULÁRIO

1 - **Copie as orações e substitua as palavras grifadas pelos sinônimos:**

Os índios viviam nas **selvas.**
Construíam a **aldeia indígena** perto de um **manancial.**
À noite, **acocorados** na oca, conversavam em **tupi-guarani.**

2 - **Copie o significado da palavra "recepção".**

Forme uma oração com ela.

3 - **Responda no caderno:**

Que podemos encontrar no **subsolo**?

II - ENTENDIMENTO DO TEXTO

1 - **Responda no caderno, copiando as perguntas:**

Em que local seria feita a viagem?
Como o grupo tentou se comunicar com o chefe?
Que pergunta fez um dos visitantes?
Que surpresa teve com a resposta do cacique?
Além dessa surpresa, Matias e seu grupo tiveram outra. Qual?

2 - **Releia a lição e copie o parágrafo que conta como foi a viagem.**

3 - **Copie, em seu caderno, a notícia que os índios ouviam pelo rádio.**

4 - **Pense e responda no caderno:**

Você acha importante o lançamento do satélite brasileiro? Por quê?

III - TREINO ORTOGRÁFICO

1 - **Copie completando com** [l] **as palavras do texto.** Junte as sílabas e torne a dividir como no modelo:

se ☐ vas	—	selvas	—	sel-vas

a ☐ deia	dificu ☐ dades
reso ☐ veram	sensaciona ☐
a ☐ guns	jorna ☐

2 - **Faça pesquisa no texto e copie palavras com:** [gua gue gui]

IV - ATIVIDADES GRAMATICAIS

1 - Leia o texto que segue e observe que, algumas orações estão mais para dentro da linha:

História de uma semente
Eu era uma semente que estava embaixo da terra.
Aos poucos fui sofrendo modificações. Criei pequenas raízes.
Um dia, um brotinho despontou.

Cada entrada é um parágrafo indicando mudança de assunto.

O 1.º parágrafo fala da semente.
O 2.º parágrafo conta as modificações da semente.
O 3.º parágrafo fala do brotinho verde.

Copie o segundo parágrafo.

2 - Leia:

Matias falou com o cacique através de gritos, resmungos, gestos e assobios.

Você viu que as palavras estão separadas por vírgulas.

A vírgula é usada:

a)	Para indicar pequena pausa entre palavras e expressões: A árvore dá madeira, flores, frutos e sombra. Pedro, aquele menino baixinho, é muito inteligente.
b)	Para separar o nome do lugar, quando escrevemos uma data: Rio de Janeiro, 15 de março de 1985.
c)	Nos endereços: Av. Independência, n.º 255.
d)	Para separar o nome do ser a quem falamos: Jequi, quero ser alta como você. Mamãe, você viu minha bola?

3 - Coloque vírgulas onde achar necessário:

Com a madeira construímos casas barcos móveis brinquedos e objetos.
Praça Sete de Setembro n.º 50.
Uma árvore era alta forte e copada.
Louro dá o pé.
Recife 25 de dezembro de 1985.

4 - Leia:

Índio e **homem** são nomes de pessoas.
Onça e **tatu** são nomes de animais.
Floresta e **aldeia** são nomes de lugares.
Rádio e **satélite** são nomes de objetos.

As palavras: índio, onça, floresta e rádio são nomes que se aplicam a qualquer índio, a qualquer onça, a qualquer floresta e a qualquer rádio.

> Os nomes de todos os seres que existem são **substantivos comuns.**
> Escrevem-se com letra minúscula.

Veja o modelo e escreva três nomes comuns de:

Pessoas	Frutas	Animais	Coisas
professor	laranja	leão	lápis

5 - Veja agora:

> Matias e Pirauê são nomes que designam um só ser.
> São **substantivos próprios.**
> Escrevem-se com letra maiúscula.

Veja o modelo e escreva três nomes próprios de:

Pessoas	Cidades	Animais	Rios	Lojas
Antônio	Niterói	Lulu	Amazonas	Casa Aurora

6 - Leia:

O menino jogou bola ——— **Menino** – gênero masculino.
A menina jogou peteca. ——— **Menina** – gênero feminino.

As terminações **a** e **o** estão determinando a que gênero pertencem essas palavras.

7 - Agora veja como se forma o feminino acrescentando a Tire os acentos:

doutor — doutora | **japonês — japonesa**

cantor	jogador	português	freguês
caçador	torcedor	francês	chinês
professor	diretor	camponês	inglês

8 - **Agora leia:**

	O peixe	Uma só coisa:	**singular.**
	Os peixes	Mais de uma coisa:	**plural.**

Passe para o plural:

O indígena vivia na selva amazônica.
O visitante fez uma pergunta.
Ele ouviu uma notícia importante pelo rádio.

Passe as orações para o singular:

Os colegas resolveram fazer uma viagem.
Eles enfrentaram muitas dificuldades.
Chegaram na taba cansados e preocupados.

9 - **Veja o modelo. Leia e copie do texto as palavras acentuadas com:**

^ acento circunflexo	´ acento agudo	~ til
amazônica	**após**	**recepção**

Você viu que:

O acento circunflexo fecha o som das vogais **a - e - o**
O acento agudo abre o som das vogais **a - e - o**
O til dá som nasal às vogais **a - o**

10 - **Copie as palavras e coloque um dos acentos:** ^ ´ ~

pontape	irma	guarana	estomago
macarrao	sinonimo	lapis	terreo

V - REDAÇÃO

1 - **Vamos pensar e escrever?**

Matias, convidou seus colegas para uma viagem.
Mas . . . perderam o caminho de volta.
Invente fatos que aconteceram e como terminou a viagem.

2 - **Escreva um texto de seis linhas sobre o tema:**

"O satélite brasileiro vai descobrir coisas fantásticas."

ERAM DUAS...

Nasceram na clareira da mesma floresta.

Uma alta, forte e copada. Havia ninhos e pássaros nos galhos. Coelhos faziam tocas entre suas raízes.

A outra era baixa, fraquinha e delgada. Só sabia dançar com a brisa e cantar a música das árvores.

Um dia... o vento veio zunindo e contou:

— Começaram as derrubadas! Os homens estão chegando.

— Que homens? perguntou a "planta-menina".

— Homens que procuram madeira para construir casas, móveis, barcos.

A arvorezinha começou a tremer apavorada; mas, a voz do amigo tranqüilizou-a.

— Você é uma "plantinha-menina". Muitas primaveras virão e você vai crescer, criar mais galhos, dar sombra, flores e frutos.

— Quero ser alta como você Jequi, para ver ao longe o rio, as montanhas, as cidades.

— Olhe, plantinha, amanhã, talvez os homens me levem e você não me verá mais.

No dia seguinte, a golpes de machado, derrubaram o grande jequitibá.

Foi assim que a "árvore-menina" descobriu que, na Natureza, cada um tem sua missão.

I - ESTUDO DO VOCABULÁRIO

1 - Copie as orações substituindo as palavras em negrito por outra que signifique a mesma coisa (sinônimos). Consulte o glossário:

Uma árvore era baixinha e **delgada.**

A outra era forte e **copada.**

Começaram as **derrubadas** na mata.

A arvorezinha tremeu **apavorada.**

O jequitibá iria cumprir sua **missão.**

2 - Consulte o glossário e forme orações com as palavras:

clareira **brisa** **zunindo**

II - ENTENDIMENTO DO TEXTO

1 - As duas árvores eram diferentes. Desenhe-as e copie os parágrafos do texto que afirmam isso.

2 - Copie completando a resposta certa:

Os pássaros fazem seus ninhos:
- no alto da árvore
- no tronco da árvore
- nos galhos da árvore

O vento trouxe a notícia:
- da derrubada das árvores
- do plantio das árvores
- da queimada das árvores

3 - Responda no caderno:

Quem são as personagens da história?

Onde se passam os fatos?

Como as árvores dançam?

Como o texto descreve a "árvore-menina"?

Que conselho o jequitibá deu à pequena árvore?

Por que os homens estavam mais interessados no jequitibá?

III - TREINO ORTOGRÁFICO

1 - Copie as palavras completando-as com | l | **:**

g ☐ orioso	c ☐ areira	p ☐ anta
f ☐ ores	c ☐ aridade	p ☐ antinha
f ☐ oresta	g ☐ obo	at ☐ eta

2 - Veja os modelos e copie da lição palavras com:

r no início	**rr**	**r** brando
rico	arruma	clareira

3 - Veja o modelo e continue a atividade | **avança — avançar** |

dança	diferença	afiança
trança	bagunça	lança
balança	alcança	relança

IV - ATIVIDADES GRAMATICAIS

1 - Veja:

homem **cidade** **saci** **estrela**

As palavras que dão nomes aos seres que **existem realmente** ou apenas em **nossa imaginação** chamam-se: **substantivos concretos.**

2 - Agora leia:

amor **coragem** **delicadeza** **beleza**

As palavras que designam sentimentos, qualidades são: **substantivos abstratos.**

3 - **Copie e separe os substantivos em duas colunas:**

Concretos	**Abstratos**

medo **árvore** **leão** **ódio** **feiúra** **raiz**

4 - **Copie e passe para o feminino com as terminações** ona **ou** oa.

comilão — comilona
meninão — ☆
solteirão — ☆
ladrão — ☆
folião — ☆

ilhéu — ilhoa
patrão — ☆
leitão — ☆
pavão — ☆
leão — ☆

5 - **Continue a atividade no caderno. Siga o modelo e substitua a ☆ :**

A árvore **dança** com a brisa.
Eu ☆ com o João.
Ele (ou ela) ☆ com ☆ .
Nós dançamos ☆ .
Vocês ☆ .

A árvore dançará com a brisa.
Eu ☆ com você.
Nós dançaremos ☆ .
Ele ☆ .
Vocês ☆ .

6 - **Conheça outros sinais de pontuação:**

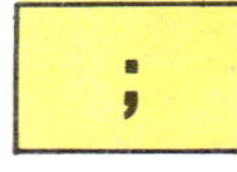

ponto e vírgula
indica uma pausa maior que a vírgula.

:

dois pontos
indica início de citação ou explicação.

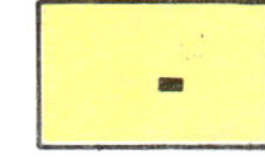

hífen
separa as sílabas, palavras compostas, liga os pronomes aos verbos.

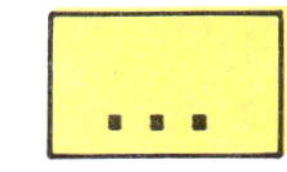

reticências
indica suspensão de pensamento.

( )

parênteses
separa palavras ou partes intermediárias da oração.

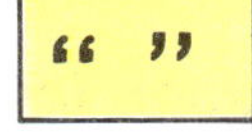

aspas
usadas para chamar a atenção sobre palavras, citações, orações importantes etc.

7 - Leia observando os sinais de pontuação:

Um dia. . . o vento veio zunindo e contou:

— Começaram as derrubadas! Os homens estão chegando.

— Que homens? perguntou a "plantinha-menina".

— Homens que procuram madeira para construir casas, móveis, barcos.

A arvorezinha começou a tremer apavorada; mas, a voz do amigo tranqüilizou-a.

8 - Coloque a pontuação:

Como você se chama

Eu me chamo Fernando

Que lindo nome

Meus irmãos chamam-se José Marcos e Antônio

Eu gostaria de ter irmãos Sou filha única

9 - Leia o diálogo:

O aluno pergunta:

O **emissor** é o aluno.

O **receptor** é a professora.

A professora responde:

O **emissor** é a professora.

O **receptor** é o aluno.

Você viu que:

O **emissor** envia a mensagem falando, escrevendo, fazendo sinais etc.

O **receptor** recebe a mensagem ouvindo, lendo, vendo etc.

10 - Copie os balões. Invente um diálogo entre a Juanita e o Vavá. Eles estão na praia.

O emissor é ☆ .
O receptor é ☆ .

O emissor é ☆ .
O receptor é ☆ .

11 - Você sabe que a comunicação é feita por códigos?

As **palavras** são o **código** mais importante.
Falamos e escrevemos a **Língua Portuguesa.**

12 - Veja os códigos:

DEVAGAR, ESCOLA!

SILÊNCIO, HOSPITAL!

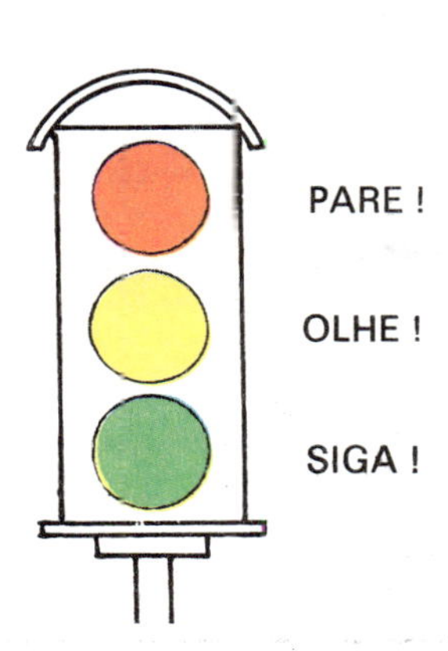

V - REDAÇÃO

1 - Os moradores do 1.º e do 2.º andares de um prédio querem que seja arrancada uma árvore muito antiga, que tira a visão da rua.
Os moradores dos andares superiores são contra.
Quem você acha que está com a razão e por que.

2 - Você recebeu um bilhete do João, que dizia o seguinte:

Colega ☆ .

Toda vez que faço uma prova na Escola, fico apavorado e erro tudo.

Você que sempre tira boas notas, dê uma idéia para que eu consiga vencer esse medo.

Um abraço

10/5/85 João.

Responda o bilhete apresentando uma sugestão para que o João consiga vencer o medo.

ACORDANDO O GIGANTE

Branca Alves de Lima

Mar e céu . . .
Céu e mar . . .
Dia vai . . . dia vem . . .
Na vastidão imensa
do oceano,
caravelas navegam
ao sabor das ondas,
rendidas pela calmaria.

Fora o marasmo,
a canícula inclemente.
Mas, no bojo das naves,
a marujada inquieta,
bradando,
conspirando,
vociferando.

Repentinamente,
à proporção
que as naus avançam
vagarosamente,
vai-se delineando
na linha do horizonte,
ante o olhar pasmado
da tripulação,
o perfil de um monte.
— "Terra à vista!"
foi o brado
que rompeu a quietude
daquela tarde esbraseada.
Estava sendo escrita
a página primeira
da história de um gigante.

I - ESTUDO DO VOCABULÁRIO

1 - **Copie substituindo as palavras em negrito pelos seus sinônimos.**

Consulte o glossário.

> Há muitos dias as **caravelas** estavam **rendidas** em alto mar, **pela calmaria.**
> A **tripulação** estava **inquieta.**
> A **marujada conspirava** e **vociferava.**

2 - **Copie as palavras abaixo, combinando cada uma com o significado certo.**

bojo	grande calor atmosférico
marasmo	navios antigos
canícula	saliência arredondada
vastidão	inatividade, inércia
naus	imensidão

3 - **Verifique e copie do glossário o significado de** horizonte

4 - **Forme orações com as expressões:**

céu e mar
olhar pasmado
tarde esbraseada
ao sabor das ondas

II - ENTENDIMENTO DO TEXTO

1 - **Copie em seu caderno substituindo a ☆ :**

a) O nome da poesia: ☆ .
b) O nome da autora: ☆ .
c) De que trata a poesia: ☆ .

2 - **A poesia tem três estrofes:**

a) Que paisagem a autora descreve na 1.ª estrofe?
b) Que estrofe da poesia fala da madrugada?
c) De que trata a 3.ª estrofe?

3 - **Complete em seu caderno**

A expressão "**dia vai... dia vem...**" significa que:
os dias não passam depressa.
os dias passam um após outro.
os dias passam rapidamente.

4 - Você concorda com a expressão "vastidão do oceano"? Por quê?

5 - Que causou pasmo à tripulação? Por quê?

6 - Você sabe a que monte se refere a autora?

7 - De que gigante fala a poesia?

8 - Que meio seria usado na atualidade para rapidamente se descobrir uma terra?

III - TREINO ORTOGRÁFICO

1 - Leia as palavras:

vastidão — vastidões

tripulação — tripulações

Escreva três palavras com as terminações:

ão — ões

ção — ções

2 - Nas palavras abaixo há encontros de duas consoantes. São encontros consonantais.

brado	**br**	escrita	**cr**	primeira	**pr**	objeto	**bj**
blusa	**bl**	claro	**cl**	pluma	**pl**	pneu	**pn**

3 - Pense e escreva em seu caderno, palavras com encontros de consoantes:

dr	gr	bl
br	pr	fl
cr	tr	pl

IV - ATIVIDADES GRAMATICAIS

1 - Leia e observe:

A marujada estava inquieta.

É um **período simples** porque tem uma única oração ou um único fato.

2 - **Leia agora:**

O capitão da nau chamou um marujo e deu uma ordem.

1.ª **oração** — O capitão da nau chamou um marujo

2.ª **oração** — e deu uma ordem.

É um **período composto** porque tem duas orações ou dois fatos, ligados pela partícula **e** .

Período é a reunião de uma ou mais orações que formam sentido completo.

3 - **Agora você.** Copie e escreva substituindo a ☆ , se o período é **simples** ou **composto:**

O marujo deu um grito e chamou o capitão.

O período é ☆ .

A caravela navegava vagarosamente.

O período é ☆ .

4 - **Leia devagar a palavra** **caravela** . Assim **ca - ra - ve - la**

Ao pronunciar esta palavra, você viu que ela é pronunciada em quatro vezes. De cada vez, pronunciamos um som. Cada som tem o nome de **sílaba.**

A **sílaba** é um som ou um grupo de sons pronunciados em uma só emissão de voz.

Veja as palavras:

mar	mar	Uma sílaba	É monossílaba
monte	mon - te	Duas sílabas	É dissílaba
gigante	gi - gan - te	Três sílabas	É trissílaba
canícula	ca - ní - cu - la	Quatro sílabas	É polissílaba

5 - **Copie e escreva quantas sílabas têm as palavras.** Veja o modelo acima.

vem **terra** **história** **horizonte**

6 - Você viu que, as palavras podem ter uma, duas, três ou mais sílabas.

Com uma sílaba ela é	**monossílaba**
Com duas sílabas ela é	**dissílaba**
Com três sílabas ela é	**trissílaba**
Com mais de três sílabas ela é	**polissílaba**

7 - Copie o triângulo e preencha com palavras da lição:

Monossílaba
Dissílaba
Trissílaba
Polissílaba

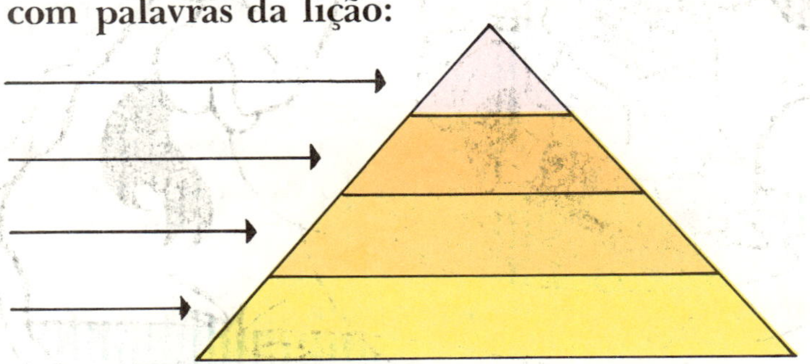

8 - Copie as orações substituindo as palavras grifadas pelos antônimos.

A marujada estava **inquieta.**
Esta é a **última** página.
Devagar as naus avançam.
O dia vai.

V - REDAÇÃO

1 - Você entendeu a poesia?

Responda em seu caderno:

A que fato da História do Brasil ela se refere?
Por que os marujos só viam mar e céu?
Por que a marujada estava impaciente, conspirando e bradando?
Que você acha dos navegantes daquela época que se arriscavam a viajar em caravelas?

2 - Faça de conta que você viajou numa canoa, durante uma semana.

Quem escolheu para ir junto?
A que horas saíram e de onde partiram?
Para onde foram?
Que levaram para vestir, comer, beber?
Que fatos importantes aconteceram na viagem?
Dê um nome à sua história.

CARINHOS DE BODE

Fazia tempo que um bode chifrudo andava observando seu amo.

Ficava com inveja ao ver como o cão lhe lambia as mãos, o rosto e arranhava de leve seu peito, com as patas dianteiras.

Em troca, o amo o alisava.

Mas, quando via Fedegoso, enxotava o animal aos berros:

— Sai, bode fedorento!

Fedegoso ficava pensativo.

— Por que só as cabras me dão atenção? Estão sempre ao meu redor, dando pulinhos p'rá lá, pulinhos p'rá cá, segredando ao meu ouvido:

— Oi, doçura! Fico tonta com seu perfume.

— Que barbicha mais fofa!

Certo dia, viu seu amo aproximar-se e resolveu acariciá-lo, como fazia às cabras.

Vendo-o de costas, meteu-lhe uma chifrada no trazeiro.

O homem estatelou-se no chão.

Atônito, levantou-se com os olhos despedindo chispas:

— Você me paga, bode de uma figa!

Agarrou um porrete e... zás! esquentou o pêlo do animal até sair fumaça.

Fedegoso disparou zunindo e bufando pelo campo afora.

Até hoje não entendeu a reação do amo às suas carícias.

I - ESTUDO DO VOCABULÁRIO

1 - **Copie as orações substituindo as palavras grifadas por seus sinônimos.**

Consulte o glossário.

O menino passava horas **observando** as formigas entrando e saindo do formigueiro.

Ficava **atônito** ao ver como carregavam coisas maiores que o seu tamanho.

Jogou um punhado de açúcar para **observar** a **reação** dos insetos.

Começou a chover. Ele correu e **estatelou-se** no chão.

2 - **Copie as orações substituindo as palavras pelo sinônimo certo:**

A raiva era tanta que seus olhos estavam **despedindo chispas.**

soltando fumaça	soltando faíscas	soltando raios

Não gostava de ver o amigo **segredando** coisas no ouvido dos colegas.

gritando	fofocando	cochichando

II - ENTENDIMENTO DO TEXTO

1 - **Responda no caderno:**

Qual a principal personagem da história?

Por que o bode teria esse nome?

Como o dono tratava Fedegoso?

Por que ele tinha preferência pelo cão?

Que aconteceu ao homem?

2 - **Justifique a atitude do bode.**

3 - **Fedegoso não entendeu porque apanhou.** Explique por que.

4 - **Copie e grife o acontecimento que você acha mais importante.**

Fedegoso resolveu agradar o dono.

O homem deu uma surra no animal.

Fedegoso tinha inveja do cão.

O bode chifrou o traseiro do homem.

III - TREINO ORTOGRÁFICO

1 - Copie completando com a letra [s]. Depois leia:

ob ☐ ervar	ali ☐ ar	de ☐ aparecer
en ☐ inar	re ☐ olveu	bri ☐ a
pen ☐ ativo	vagaro ☐ a	apre ☐ entar
imen ☐ a	bra ☐ a	luminc ☐ a

Na 2.ª e na 3.ª colunas, o [s] tem som de [z] porque antes dele há uma vogal.

Por que motivo o [s] não tem som de [z] na 1.ª coluna?

2 - Copie e complete as palavras com [m] ou com [n]. Olhe na lição:

i ☐ veja	e ☐ xotava	se ☐ pre
te ☐ po	pe ☐ sativo	to ☐ ta
home ☐	ca ☐ po	la ☐ bia

IV - ATIVIDADES GRAMATICAIS

1 - Você sabe que:

Brasil	É o país em que nascemos.
roupa	É vestimenta.
feira	É o lugar público onde se vendem mercadorias.
água	É líquido necessário à vida.

Se juntarmos estas palavras com outras, formaremos **substantivos compostos:**

pau-brasil	Madeira encontrada no Brasil, no ano de 1500.
guarda-roupa	Móvel de quarto.
quinta-feira	O quinto dia da semana.
caixa-d'água	Reservatório de água.

O traço que une os substantivos compostos chama-se **hífen**

2 - **Copie e assinale com** [s] **os substantivos simples e com** [c] **os compostos.**

guarda-chuva	quarta-feira	vira-lata
moleque	pó-de-café	indígena
pão-de-ló	igrejinha	boiada

3 - **Preste atenção:**

As palavras têm sílabas fracas e fortes.

Sílaba tônica é aquela pronunciada com mais força.

Quando a sílaba tônica recai na última sílaba, a palavra é **oxítona**:

re**dor** ani**mal** aten**ção**

Quando a sílaba tônica recai na penúltima sílaba, a palavra é **paroxítona:**

figa in**ve**ja chi**fra**da

Quando a sílaba tônica recai na antepenúltima sílaba, a palavra é **proparoxítona:**

árvore **mé**dico **có**cega

4 - **Leia e copie as palavras separando as sílabas:**

bode	**próximo**	**calor**
irmã	**chifrudo**	**abóbora**

Agora contorne as sílabas tônicas como no modelo:

bode (**bo**) de

5 - **Leia as palavras e procure na lição outras que sejam da mesma família.**

Copie no caderno.

fedor — fedorento
chifre
doce
fumo

arranhão
atrás
diante
barba

V - REDAÇÃO

1 - Leia a carta que Pedro recebeu do colega Heitor.

São Mateus, ... de .... de 19...

Caro colega Pedro

"Aquele" abraço.

Prometi e estou cumprindo.

Chegamos ontem, à noite, ao sítio.

A titia e todos da casa nos esperavam.

Logo pela manhã, eu e os primos corremos para o curral.

A vaca Mimosa estava sendo ordenhada. Tomamos leite fresquinho, tirado na hora. Depois, fomos até o chiqueiro, onde oito leitõezinhos mamavam na porca que estava deitada.

Aqui todos trabalham. O Seu Cosme e o tio capinam, plantam, colhem milho e feijão. A prima Tereza ajuda na cozinha e eu rego a horta e as roseiras.

Adorei o riacho cheio de pedrinhas, onde é gostoso molhar os pés, depois das brincadeiras. Amanhã vamos fazer um balanço na mangueira, perto da casa.

Gostaria muito que estivesse conosco. Pena não poder vir, porque precisa ajudar sua mãe.

Tem vendido muito pé-de-moleque?

Se tiver tempo, me escreva.

Do amigo

Heitor.

2 - Reparou? As partes de uma carta são:

a) O local onde está a pessoa que escreve e a data.

b) Os cumprimentos de quem escreve.

c) O assunto ou conteúdo.

d) O fecho e as despedidas.

e) A assinatura de quem escreveu.

3 - **Aprenda como preencher um envelope:**

FRENTE

Selo

Ao colega

Pedro Nascimento

Rua Cinco, n.º 68

84100 Ponta Grossa — PR.

VERSO

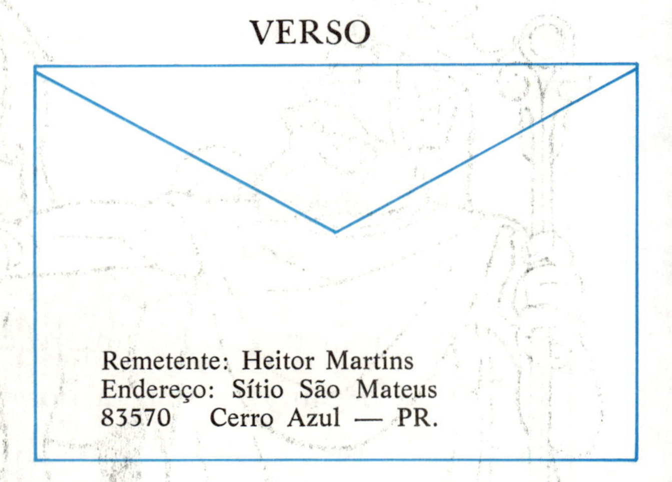

Que observou na **parte da frente** do envelope?
E no **verso**? (parte de trás)

4 - **Agora responda:**

- Por quem foi escrita a carta?
- Quem a recebeu?
- Onde estava quem escreveu a carta?
- Quem esperava Heitor?
- Em que trabalha Seu Cosme?
- Como Heitor colabora?
- Como Pedro passa suas férias?

5 - **Escreva uma carta a uma pessoa amiga contando o que pretende fazer nas férias.**
Escolha entre as sugestões abaixo ou invente outras.

- Passear ou visitar alguém? Em que local?
- Por suas coisas em ordem: livros, cadernos, roupas, brinquedos?
- Brincar? Estudar?
- Ajudar em casa?
- Trabalhar? Por quê?

6 - **Olhe na ilustração da lição e descreva o bode.**

Masculino de cabra
Raça caprina
Mamífero
Quadrúpede
Pêlo duro
Tem cascos como burro
Rabo curto como o coelho
Barbicha
Orelhas caídas
Berra
Cheira mal
Dá pulos e chifradas quando briga.

Fale sobre as expressões:

"Deu um bode" — deu confusão.
"Amarrar o bode" — ficar irritado.

RÉGULO VAI APRENDER A FALAR

Régulo era o cavalo de estimação do rei Artemis.

Certo dia, ele ordenou ao arauto da corte que convocasse os sábios do reino.

Quando todos se apresentaram, disse-lhes:

— Senhores, ninguém põe em dúvida a inteligência de meu cavalo Régulo. Estou procurando alguém que o ensine a falar.

— Qual será a paga, Majestade? perguntou um deles.

— Aquele que aceitar a incumbência, receberá todos os meses cem moedas de ouro. Se conseguir realizar o que desejo, terá como prêmio uma parte do meu reino. Mas, se tentar enganar-me, vai amaldiçoar o dia em que nasceu.

— Aceito a proposta, Majestade, disse um dos sábios.

— Em quanto tempo conseguirá fazer Régulo falar?

— Garanto que, em vinte anos, ele se expressará corretamente.

Ao saber do fato, um amigo perguntou ao futuro mestre de Régulo.

— Não foi loucura aceitar esse compromisso perigoso?

— Não, porque no prazo de vinte anos, um de nós morrerá: o rei, o cavalo ou eu. Enquanto isso, levarei vida farta e regalada, respondeu o sábio.

I - ESTUDO DO VOCABULÁRIO

1 - **Copie as orações em seu caderno. Olhe no glossário, e substitua as palavras grifadas pelos sinônimos.**

O **arauto** do rei saiu da **Corte** para convocar os sábios.

A **incumbência** era difícil: fazer um cavalo falar.

Um dos sábios aceitou o **compromisso perigoso.**

2 - **Explique, em seu caderno que quer dizer:**

"Ninguém põe em dúvida."

3 - **Copie e complete no caderno substituindo a ☆ .**

Expressará quer dizer: ☆ .

II - ENTENDIMENTO DO TEXTO

1 - **Copie completando com a palavra certa:**

2 - **Responda, copiando as perguntas em seu caderno:**

- Que ordenou o rei ao arauto da corte?
- Que o sábio receberia pela incumbência?
- Se ele não conseguisse cumprir o compromisso, que castigo receberia?
- Que pretendia o sábio quando aceitou a proposta?

3 - **Copie o parágrafo que fala do pagamento que o rei daria ao mestre de Régulo.**

4 - **Você concordou com a atitude do sábio? Por quê?**

5 - **Dê sua opinião sobre a proposta do rei Artemis aos sábios.**

III - TREINO ORTOGRÁFICO

1 - Copie as palavras em seu caderno, de acordo com o modelo:

con - se - guir	conseguir	con - se - guir

es - ti - ma - ção
pro - pos - ta
cor - re - ta - men - te

nin - guém
ex - pres - sa - rá
com - pro - mis - so

2 - Copie as palavras e acentue corretamente. Olhe na lição.

sabios
estimaçao
expressara

Regulo
alguem
premio

incumbencia
inteligencia
morreria

poe
sera
tera

3 - Copie do texto palavras com sílabas travadas com:

r na 1.ª sílaba	**r** na sílaba final
A**r**temis	fala**r**

IV - ATIVIDADES GRAMATICAIS

1 - Leia as palavras e veja os encontros de vogais:

ouro	reino	coice
ou	**ei**	**oi**

2 - Copie, separe as sílabas das palavras e circule os encontros de vogais.

caixa
moela

peixe
rua

mingau
miolo

3 - Agora leia as palavras e repare:

v a i	s e u	f o i
a i	**e u**	**o i**
som forte / som fraco	som forte / som fraco	som forte / som fraco

Você viu que, numa sílaba, as vogais podem ser pronunciadas com mais ou menos força.

a — e — o	têm som mais forte
i — u	têm som mais fraco
a — e — o	são vogais
i — u	são semi-vogais ou meias vogais porque são pronunciadas com menos força, na mesma sílaba.

O encontro de uma vogal e de uma semi-vogal pronunciadas de uma só vez na mesma sílaba chama-se:
ditongo

4 - Copie e assinale os ditongos nas palavras:

peixe	couro	água	baixo
leite	noite	cacau	rio

Copie e complete as palavras com estes ditongos:

ei   ou   ai   au   oi

n ☐ va	p ☐ lada	m ☐ ta
l ☐ co	dinh ☐ iro	g ☐ ta

5 - Conheça outros ditongos:

irmão	mãe	lições
ão	**ãe**	**õe**

Assinale os ditongos nas palavras:

mamão	mãe	limões
botão	mamãe	nações

6 - **Observe:**

As cestas são iguais.

Na palavra **iguais** o encontro de vogais é formado de três vogais na mesma sílaba:

i - guais.

O encontro de três vogais na mesma sílaba chama-se: **tritongo**

Separe as sílabas das palavras e assinale os **tritongos:** (três vogais na mesma sílaba)

saúde	queijo	saudade	goiaba
aluguéis	gaiola	rainha	iguais

7 - **Leia e copie os períodos separando as orações:**

O rei queria um sábio para ensinar Régulo.

A 1.ª oração é: ☆ .

A 2.ª oração é: ☆ .

A palavra que liga as orações é: ☆ .

8 - **Você já sabe que as palavras têm famílias.**

Relacione as famílias das palavras, como no modelo.

sábio — sabido, sabedoria, sabedor.

tempo **paga** **rei** **fala**

V - REDAÇÃO

1 - **Você brincou com alguém.**

- Conte com quem e quando foi.
- Como começou e de que brincaram.
- Que diálogo mantiveram.
- Como terminou a brincadeira.
- Invente um nome para a história.

2 - **Escreva uma carta.** Convide um amigo, para assistir a decisão de um campeonato de dois times de futebol entre sua cidade e outra vizinha.

8

A NAMORADA DA LUA

(Lenda contada por uma índia guarani)

Apinajé era uma indiazinha que gostava de olhar para o céu.

Achava a Lua maravilhosa e pensava:

— Será um pote de leite?

— Será uma cabaça de mel?

— Será um bolo para Apinajé?

Ficava horas inteiras olhando a Lua e chegava a dar pulos para o ar, pensando em alcançá-la.

Se ralava aipim, pensava na Lua.

Se tecia balainhos, pensava na Lua.

Depois cantava:

"Lua — lua — lua — luá
Leva Apinajé e ajuda a criá."

Uma noite, Apinajé viu o disco luminoso refletido nas águas do rio. Não teve dúvidas. Atirou-se à correnteza e desapareceu.

A Lua se compadeceu da índia menina. Trouxe seu corpo para a superfície e o transformou em uma flor da cor do luar.

Foi assim que nasceu a vitória-régia, a linda flor que flutua nas águas do rio Amazonas.

I — ESTUDO DO VOCABULÁRIO

1 - **Copie as orações em seu caderno, substituindo as palavras grifadas por sinônimos.** Consulte o glossário.

A pequena índia ralou **aipim** e o colocou numa **cabaça.**

Foi até o rio e viu o **disco luminoso refletido** na **correnteza.**

Parecia que a Lua **flutuava** na **superfície** das **águas.**

2 - **Forme orações com as expressões:**

ela se compadeceu	horas inteiras

II - ENTENDIMENTO DO TEXTO

1 - **Responda em seu caderno:**

Com que Apinajé confundia a Lua?

Por que a indiazinha atirou-se às águas do rio?

2 - **A história que você leu é verdadeira?**

Que nome se dá às narrações inventadas pela imaginação?

3 - **Copie os parágrafos que contam fatos impossíveis de acontecer.**

4 - **Substitua por outra, a expressão grifada:**

"A menina **atirou-se à correnteza.**"

5 - **Copie e passe um traço debaixo das orações verdadeiras:**

A Lua estava no fundo do rio.

Apinajé achava a Lua maravilhosa.

A indiazinha alcançou a Lua.

A menina atirou-se à correnteza.

Apinajé tecia balainhos.

III - TREINO ORTOGRÁFICO

1 - Copie do texto, em colunas separadas, palavras com:

ch   nh   lh

2 - Olhe no texto e copie três palavras com:

z intermediário   s com som de z

IV - ATIVIDADES GRAMATICAIS

1 - Veja como eu dividi as sílabas da palavra pa - ís

As vogais **a - i** estão em sílabas diferentes e são lidas separadamente.

O encontro de duas vogais pronunciadas em sílabas separadas forma o
hiato

Hiato quer dizer separação.

Veja na palavra abaixo, as vogais separadas:

miolo — mi o lo

As vogais **i - o** estão em sílabas diferentes.

2 - Agora você. Divida as sílabas e assinale as vogais que ficaram em sílabas separadas (hiatos):

baú	pia	viúva	miado
raiz	voa	piada	joelho
Lua	rua	piolho	moído

3 - Copie e continue as atividades substituindo a ☆ . Veja os modelos:

A flor **bóia.**	— Estou boi**ando.**	**Pensa** na Lua.	— Estou ☆
Olha o céu.	— Estou ☆ .	**Canta** baixinho.	— Estou ☆
Rala o aipim.	— Estou ☆ .	Você **duvida ?**	— Estou ☆

Vai depressa	— Estou **indo.**	Você **riu** ?	— Estou ☆ .
Reflita bem	— Estou ☆ .	Ele **sentiu** ?	— Está ☆ .
Você **caiu** ?	— Estou ☆ .	Ela **vestiu** ?	— Está ☆ .

4 - Leia e separe as orações dos períodos:

a) Apinajé era uma índia que gostava da Lua.

A 1.ª oração é: ☆ .
A 2.ª oração é: ☆ .

A palavra que liga as orações é: ☆ .

b) Apinajé cantava quando via a Lua.

A 1.ª oração é: ☆ .
A 2.ª oração é: ☆ .

A palavra que liga as orações é: ☆ .

5 - Olhe na lição e copie substituindo a ☆ por uma palavra:

Proparoxítona — ☆ .
Paroxítona — ☆ .
Oxítona — ☆ .

6 - Desenhe em seu caderno dois conjuntos,

Separe dentro deles as famílias de palavras:

lunático	torrão	terreno	aluado
terra	luar	Lua	térreo
enluarada	território	terrestre	lunar

V - REDAÇÃO

1 - Conte uma visita que você fez:

- pessoa ou pessoas que visitou;
- se foi só ou acompanhado;
- em que dia;
- motivo da visita;
- como foi recebido;
- o que conversaram;
- quando se retirou.

2 - **Se você quiser se comunicar com alguém que esteja ausente, poderá passar um telegrama.** Veja o modelo:

EMPRESA BRASILEIRA DE CORREIOS E TELÉGRAFOS
RECIBO DO TELEGRAMA ABAIXO DISCRIMINADO

DESTINO	Espaço reservado a autenticação mecânica
Será preenchida pelo expedidor	

ECT	Espaço reservado a autenticação mecânica
HORA DA TRANSMISSÃO	
INICIAIS DO OPERADOR	

INDICAÇÕES DE SERVIÇOS TAXADOS

TEXTO E ASSINATURA — ENDEREÇO

DESTINATÁRIO: Sra. Neide Carvalho
Rua Sete de Setembro, 85 – Centro
(Rua, Av., etc.) (Bairro)
CIDADE: Rio de Janeiro ESTADO: R.J. – CEP 20050
(ou nome da estação móvel, no radiograma) (ou nome da estação terrestre, no radiograma)

Madrinha
Votos muitas felicidades
aniversário pt
Abraços
Carlinhos

Carlos Morato — 257-2220
NOME DO EXPEDIDOR — TELEFONE
Rua Santo Amaro – Bela Vista – S.P. CEP 01315
Rua — Bairro — Cidade

7530 - 007 - 0051 — 162 x 229 mm

3 - **Atenção! Um telegrama deve ter:**

- Nome do destinatário
- Endereço completo do destinatário
- Texto resumido
- Assinatura do remetente
- Nome e endereço do remetente
- Código de endereçamento postal

Importante: Use **pt** — para ponto final
vg — para vírgula

4 - **Escreva um telegrama:** Avise que vai chegar de viagem e a que horas. Peça que alguém vá buscá-lo (a) na rodoviária.

MARGARIDA E ABELARDO

Sempre que Margarida ia ao mercado, detinha-se para observar Abelardo. Apaixonou-se por ele.

Certo dia, tomou uma decisão. Levou-o para casa.

Tratava-o com carinho alimentando-o com farelo de pão, pedacinhos minúsculos de carne e farinha de milho.

Ficava horas olhando as evoluções tranqüilas ou agitadas de seu novo amiguinho.

Certo dia, a menina trouxe uma lupa da escola.

Por brincadeira, examinou Abelardo através da lente.

Aquele enorme olho, com expressão triste e quase humana, a fixava intensamente, como se suplicasse:

— Por favor, tire-me daqui. Sou muito infeliz!

Naquela noite, Margarida não conseguiu dormir.

No outro dia, bem cedo, saiu apressada com Abelardo. Batendo os tamanquinhos na calçada, dirigiu-se até a margem do rio que atravessava a cidade.

Olhou o amiguinho pela última vez.

Abriu o invólucro e atirou-o às águas dizendo:

— Vai, querido, volta a tua origem e sê feliz.

Chegou em casa, contente e aliviada.

I - ESTUDO DO VOCABULÁRIO

Substitua as palavras grifadas pelos sinônimos. Olhe no glossário e copie em seu caderno:

Margarida colocava insetos para o peixinho, no aquário **minúsculo.**

Ele ficava **animado** e fazia **evoluções.**

Um dia, a menina trouxe uma **lupa** para **observar** melhor o bichinho.

Ficou **perturbada** e tomou uma **decisão.**

Colocou o peixinho em um **invólucro** e o jogou no rio.

Voltou para casa **aliviada.**

II - ENTENDIMENTO DO TEXTO

1 - **Releia o texto e responda em seu caderno, copiando as perguntas:**

- Quais as personagens da lição?
- Onde Margarida ficou conhecendo Abelardo?
- Que fez certo dia?
- Como tratava o peixinho?
- No aquário, que fazia o novo amigo da menina?
- Que aparelho Margarida trouxe da escola? Que fez com ele?
- Por que à noite a menina não dormiu?
- Que aconteceu no dia seguinte?

2 - **Copie a "fala" do peixe e a "fala" de Margarida no caderno.**

3 - **Copie o parágrafo que explica porque a menina ficou preocupada.**

4 - **Explique, com suas palavras, porque Margarida voltou para casa aliviada.**

5 - **Margarida tomou duas decisões. Quais foram?**

6 - **Você já tomou alguma decisão? Qual foi?**

7 - **Explique a expressão:** "Volta a tua origem".

8 - **Dê sua opinião:**

Que teria levado Margarida a devolver o animalzinho às águas do rio?

III - TREINO ORTOGRÁFICO

1 - **As palavras com as terminações** ância **e** ência **têm acento circunflexo.**
Copie colocando a acentuação. Veja:

ambulância   freqüência

ignorancia	ausencia	distancia	gerencia
paciencia	infancia	vigilancia	ciencia
importancia	elegancia	indecencia	experiencia

2 - **Copie e escreva duas palavras para cada som do** x **:**

caixa (**x** = **ch**)   examinou (**x** = **z**)   expresso (**x** = **s**)
trouxe (**x** = **ss**)   fixou (x = **cs**)

IV - ATIVIDADES GRAMATICAIS

1 - **Leia os grupos de consoantes assinalados nas palavras abaixo:**

correu **rr**   apressada **ss**

chegou **ch**   farinha **nh**   olho **lh**

Observe que, os grupos de consoantes destacados acima representam um único som.
São **dígrafos.**

Dígrafo é a reunião de duas letras representando um único som.

2 - Ainda são "dígrafos" os grupos de consoantes:

sc nascer

sç nasça

xc excelente

gu guerra

qu querido

Não são dígrafos gu **e** qu **quando o** u **é pronunciado.**

Veja as palavras:

águas	sagüi	tranqüilo
aguado	agüenta	conseqüência

3 - Copie as palavras e assinale só as que têm dígrafos:

leque	garrafa	nasce	taquara
chuva	figueira	massa	machado
régua	cozinha	joelho	lingüiça

4 - Copie as orações substituindo as palavras grifadas pelos antônimos:

Ela **sempre** andava **perfumada.**

Saia pela porta **traseira.**

A noite esfriou.

Está tudo **certo.**

5 - Veja. Há palavras formadas de uma única sílaba. Chamam-se **monossílabas.**

má — pé — mão — pó — vez

do — de — me — se — lhe

As palavras **monossílabas** (de uma única sílaba), quando são pronunciadas com mais força, chamam-se **monossílabas tônicas:**

Que menina **má**!
Machuquei o **pé.**

Já fiz a lição.
Lave as **mãos.**

As palavras monossílabas pronunciadas com menos força chamam-se **monossílabas átonas:**

Você **me** telefona hoje?
Ele chegou **da** rua.

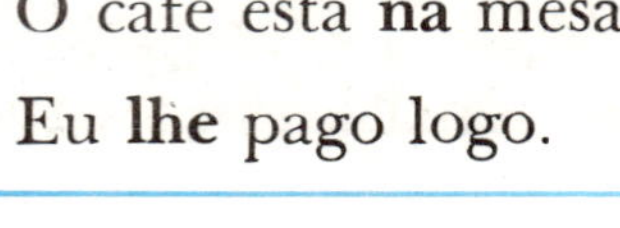

O café está **na** mesa.
Eu **lhe** pago logo.

6 - **Leia e copie as orações.**

Repare nas palavras grifadas. Todas são monossílabas tônicas.

Coloque acento naquelas que devem ser acentuadas.

Limpei o **po** dos móveis.
Tenho **do** dos passarinhos.
O **mes** de maio **e** lindo.
La no Colégio todos gostam de **mim.**
Traga-me a **pa** do lixo.
Mamãe **le** o jornal todos os dias.

7 - **Leia as palavras:**

es**quen**ta	fo**guei**ra
a**que**le	es**gui**cho
ma**qui**nista	fi**guei**ra
quinzena	pre**gui**ça

8 - **Você viu que, as sílabas** que — qui **e** gue — gui **representam um único som.**

Agora observe as palavras abaixo e leia:

qüe — qüi (cuê — cu-í)	**güe — güi** (gu-ê — gu-í)
liqüidificador	agüenta
freqüenta	lingüeta
cinqüenta	ensangüentar
liqüidação	lingüiça
conseqüência	lingüista

O sinal (..) usado sobre o **ü** chama-se trema.

O **trema** indica que o **u** nas sílabas qüe — qüi e güê — güi deve ser pronunciado.

Coloque o trema no u **só quando ele for pronunciado:**

quitanda	aquele	sagui	foguete
tranquilo	frequência	seguida	aguentar

9 - **Copie e passe as orações para o plural:**

A tristeza da menina era freqüente.

Ela olhava a evolução tranqüila do peixe.

O homem procurava alguma antigüidade na loja.

A água poluída encharcou o pingüim.

Começou a liqüidação.

V - REDAÇÃO

1 - **Invente uma história parecida com a de Abelardo, usando como personagens um menino e um passarinho.**

2 - **Que estarão conversando os peixinhos? Crie as "falas" em balões.**

3 - **Você já viu um peixe? Como é?**

Não esqueça de explicar:

- Onde vive.
- Corpo em geral coberto de escamas.
- Barbatanas que permitem os movimentos.
- Respiração por guelras.
- Sangue frio.
- Grande quantidade de dentes afiados.
- Alimentam-se de peixes menores.

Fale sobre pessoas:

- que vivem da pesca;
- que pescam por diversão.

LENDA DO AMENDOIM

Aruê era um indiozinho esperto que adorava passarinhos.

Saía bem cedo da oca e corria para a beira do rio.

Caminhando entre o arvoredo, comia pitangas e chupava jenipapo maduro.

Depois soltava um assobio para atrair a passarada.

Escondido entre as moitas, olhava o bando pousado nos galhos: sanhaços, tiês, tico-ticos, anus, coleirinhas.

Ficava encantado com aquela revoada antes do nascer do Sol.

Os pássaros saltitavam comendo lagartas e caramujinhos.

Certa vez, um curumim malvado apareceu e zás!... com uma pedrada atingiu uma rolinha, que caiu ao chão, batendo as asas.

Aruê correu e agarrou a avezinha, enquanto a passarinhada voava para longe. Acariciou com suas mãos pequenas o bichinho ferido e tudo fez para reanimá-lo. Mas, em vão. Ele morreu.

As lágrimas do indiozinho caíam em bagas na terra.

Algum tempo depois, nesse lugar nasceu uma planta carregada de vagens, cheias de grãos.

Os índios a chamaram **mãdu'i** que, em nossa língua, quer dizer **amendoim.**

I - ESTUDO DO VOCABULÁRIO

Consulte o glossário e copie as orações substituindo as palavras grifadas por seus sinônimos.

Aruê saiu cedo da **oca.**

Passou pela mata e chupou **jenipapo** maduro.

Depois, **escondido** nas **moitas**, ficou **observando** a **revoada** dos **pássaros.**

Suas lágrimas caíam em **bagas** ao ver uma rolinha ferida por uma pedrada.

Fez tudo para **reanimar** o passarinho, mas ele morreu.

II - ENTENDIMENTO DO TEXTO

1 - **Responda em seu caderno:**

Qual a principal personagem da história?

Que costumes tinha Aruê?

Como conseguiu ver os pássaros de perto?

Por que chorou Aruê?

Que você acha do curumim malvado?

Que relação as bagas de amendoim tinham com as lágrimas de Aruê?

2 - **Complete no caderno substituindo a ☆ :**

O fato mais importante da "Lenda do Amendoim" é ☆ .

3 - **Copie o parágrafo que conta a reação de Aruê ao ver a rolinha caída ao chão.**

III - TREINO ORTOGRÁFICO

1 - **Leia as palavras da lição:**

passarinho	asa	sanhaços

2 - **Pesquise e escreva no caderno:**

- Cinco palavras com "ss".
- Cinco palavras em que "s" tem som de "z".
- Cinco palavras iniciadas com "s".

IV - ATIVIDADES GRAMATICAIS

1 - **Observe as palavras:**

povo **cardume** **colmeia** **bando** **esquadrilha**

Essas palavras estão no singular, mas indicam **coleção** ou **conjunto** de seres da mesma espécie.

Chamam-se **substantivos coletivos**

Veja:

Povo — é coleção ou conjunto de pessoas.
Cardume — é coleção ou conjunto de peixes.
Colmeia — é coleção ou conjunto de abelhas.
Bando — é coleção ou conjunto de crianças, animais etc.
Esquadrilha — é coleção ou conjunto de aviões.

Copie e complete em seu caderno, substituindo a ☆ :

	**Passarada** é conjunto de ☆ .
	**Arvoredo** é conjunto de ☆ .
	**Oca** é conjunto de ☆ .
	**Moita** é conjunto espesso de ☆ .
	**Casario** é conjunto de ☆ .
	**Ninhada** é conjunto de ☆ .

2 - **Substitua as palavras grifadas pela expressão** | conjunto de... |

Veja o modelo:

Da **boiada** desgarrou uma vaca. Do **conjunto de bois** desgarrou uma vaca.

a) Nosso **time** venceu os rapazes da rua Tupi.

b) O **exército** desfilou na avenida.

c) A **ninhada** de pintinhos entrou no galinheiro.

d) Os pescadores lançaram a rede e pescaram um **cardume.**

3 - **Leia, copie e separe as orações do período:**

Aruê soltava um assobio **para** atrair a passarada.

A 1.ª oração é: ☆ .

A 2.ª oração é: ☆ .

As duas orações estão ligadas pela partícula:

4 - **Escreva um período simples com a expressão** | bateu as asas |

5 - **Copie as orações, trocando as palavras em negrito por seus antônimos:**

Saía bem **cedo** da oca.

A passarinhada voava para **longe.**

Aruê **agarrou** a rolinha.

6 - **Leia as orações:**

Eu chupei uma **manga** madura.

Rasguei a **manga** do paletó.

Quebraram a **manga** do lampião.

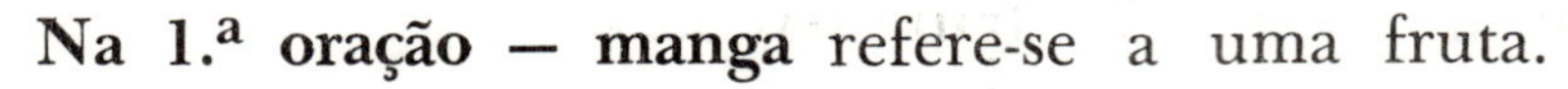

Na 1.ª oração — manga refere-se a uma fruta.

Na 2.ª oração — manga é parte de vestimenta.

Na 3.ª oração — manga é o tubo de vidro que protege a chama do lampião.

Você viu que:

Há palavras que são iguais quanto **à forma** ou quanto **à pronúncia**, mas têm significados **diferentes.**

Copie e explique, na segunda coluna, significados diferentes das palavras:

ama	(do verbo **amar**)	**ama**	—	babá
casa	(do verbo **casar**)	**casa**	—	☆
calça	(do verbo **calçar**)	**calça**	—	☆
sinto	(do verbo **sentir**)	**cinto**	—	☆

7 - **Leia e copie os substantivos que formam o feminino diferente do masculino:**

cão	—	cadela	**padre**	—	madre
bode	—	cabra	**rei**	—	rainha
carneiro	—	ovelha	**frade**	—	freira
cavalo	—	égua	**genro**	—	nora
compadre	—	comadre	**garção**	—	garçonete
padrinho	—	madrinha	**rapaz**	—	rapariga
cavalheiro	—	dama	**ladrão**	—	ladra
zângão	—	abelha	**marido**	—	esposa

Copie as orações mudando as palavras grifadas para o gênero feminino:

O **compadre Mário** montou **no cavalo** e foi até a cidade.

O **cão, o bode** e **o carneiro** são animais domésticos.

Aquele rapaz é **garção.**

O **padre** e **o frade** encontraram-se na praça da matriz.

V - REDAÇÃO

1 - **Forme orações com as expressões:**

saiu cedo	batendo as asas
pássaro ferido	nascer do Sol

2 - **Você tinha um(a) amigo(a) que se mudou há algum tempo.**

Escreva uma carta para ele (ela) e conte:

- que você tem feito em casa e na escola;
- como passa os domingos e feriados;
- como ainda se lembra das brincadeiras que faziam juntos (as);
- da falta que sente dele (dela).

NASCE UMA VILA

O Brasil estava descoberto.

Navios aventureiros chegavam para se apossar das nossas riquezas, principalmente de pau-brasil.

Algumas expedições vieram para guardar as costas brasileiras. Mas, era difícil vigiar um país tão grande!

O jeito era povoar a Terra.

O rei de Portugal mandou cinco navios cheios de gente: degredados e pessoas decididas, comandadas por Martim Afonso de Souza.

Traziam ferramentas, armas, roupas, medicamentos, mudas e sementes.

Assim que desembarcaram puseram-se a trabalhar e, em pouco tempo, surgiram roças, casas, igrejinha, engenho de açúcar... uma vila!

Deram-lhe o nome de São Vicente.

Muitos homens brancos recém-chegados casaram-se com mulheres indígenas. Dessa união nasceram os primeiros brasileirinhos.

I - ESTUDANDO AS PALAVRAS

1 - **Copie as orações substituindo as palavras grifadas por seus sinônimos.**

Consulte o glossário.

Aventureiros vinham **decididos** a se **apossar** de nossas riquezas.

Mas, **expedições** chegaram de Portugal trazendo homens corajosos e **degredados** para guardar as **costas** brasileiras.

Puseram-se a trabalhar e logo surgiram casas, roças, igreja e **engenho de açúcar.**

2 - **Leia:**

Homens brancos **recém-chegados** casaram-se com mulheres indígenas.

Copie e complete substituindo a ☆ . Siga os modelos:

recém-chegado — que acabou de chegar.
recém-nascido — ☆ .
recém-casado — ☆ .
recém-construído — que acabou de ser ☆ .
recém-matriculado — ☆ .
recém-curado — ☆ .

II - ENTENDIMENTO DO TEXTO

1 - **Você entendeu o texto?** Então responda:

a) Que desejavam os navios aventureiros?
b) Para que vieram expedições?
c) Em que época aconteceram os fatos?
d) De Portugal veio para o Brasil uma expedição com cinco navios.
Por quem eram comandados?

2 - **Copie e complete substituindo a ☆ .**

Os primeiros brasileirinhos eram mestiços.
Nasceram da união de ☆ .

3 - **Copie a oração que conta como surgiu uma vila.**

4 - **Responda:**

a) Por que os tripulantes dos navios traziam mudas e sementes?

5 - **Copie os fatos da lição pela ordem em que aconteceram.**

Traziam ferramentas, armas, roupas, medicamentos.

Aventureiros chegaram para se apossar de nossas riquezas.

Algumas expedições vieram guardar as costas brasileiras.

O Brasil estava descoberto.

O rei de Portugal mandou cinco navios cheios de gente.

Dessa união nasceram os primeiros brasileirinhos.

III - TREINO ORTOGRÁFICO

1 - **Copie da lição palavras em que o** s **tem som de** z.

2 - **Copie da lição palavras tendo sílabas travadas com** r. Veja os modelos:

desco**ber**to apos**sar**

3 - **Pense e escreva palavras com** h **inicial, como** homem.

IV - ATIVIDADES GRAMATICAIS

1 - **Leia e complete em seu caderno, de acordo com o modelo:**

o cidadão — a cidadã

o espião	o cirurgião	o tecelão	o irmão
o anão	o ancião	o alemão	o campeão

2 - **Passe para o feminino:**

O **campeão** de tênis é meu **irmão.**

Aquele **cidadão** é **alemão.**

O **escrivão** e o **cirurgião** viajaram juntos.

Tenho certeza de que o **anão** não é **espião.**

O **ancião** subiu a escada devagar.

3 - **Leia e observe as palavras que vêm antes dos substantivos:**

o pianista — **os** pianistas — **a** pianista — **as** pianistas
um pianista — **uns** pianistas — **uma** pianista — **umas** pianistas

As palavras **o — a — os — as** dão aos substantivos sentido definido.

Nós sabemos quem são os pianistas.

As palavras **um, uma, uns, umas** dão aos substantivos sentido indefinido.

Não sabemos quem são os pianistas.

o — a — os — as são **artigos definidos**

um — uma — uns — umas são **artigos indefinidos**

4 - **Copie e complete substituindo a ☆ por um artigo definido ou indefinido:**

Vi ☆ Zeca em meu quintal.
☆ cachorro é ☆ animal doméstico.
☆ menina cantou bem em ☆ festival.
☆ tarde avistei ☆ barquinhos no mar.

5 - **Leia:**

O cão **vigiou** a casa.
O cão **latiu** à noite.
O cão **correu** atrás do gato.

Você reparou?

As palavras: **vigiou, latiu, correu** indicam ações praticadas pelo cão.

As palavras que indicam ações chamam-se **verbos.**

Leia agora:

O cão **vigiava** a casa.
O cão **estava** no canil.
Ventava muito de manhã.

Repare:

Vigiou — indica **ação.**

Estava — indica **estado.**

Ventava — indica **fenômeno da Natureza.**

> As palavras que indicam ação, estado ou fenômeno da Natureza chamam-se **verbos**

6 - Copie e complete substituindo a ☆ por ações **ou** verbos **da lição:**

O Brasil ☆ descoberto no ano de 1500.

Navios aventureiros ☆ para se apossar de nossas riquezas.

De Portugal ☆ várias expedições.

Martim Afonso de Souza ☆ cinco navios.

☆ uma vila e ☆ o nome de São Vicente.

7 - Copie e separe as orações do período:

Algumas expedições vieram **para** guardar o litoral.

A 1.ª oração é:

A 2.ª oração é:

O **verbo** da primeira oração é:

O **verbo** da segunda oração é:

A palavra que está ligando as duas orações é ☆ .

8 - Repare. Nas colunas abaixo há substantivos compostos.

Assinale só os compostos. Não confunda com os coletivos.

laranjal	zunzum	aguardente
pontapé	cafezal	vaivém
matagal	varapau	milharal
bentevi	casario	pernalta

9 - **Continue a atividade, de acordo com os modelos:**

animal	— animais	anel	— anéis	funil	— funis
avental	— ☆	carretel	— ☆	fuzil	— ☆
arrozal	— ☆	pincel	— ☆	pernil	— ☆
jornal	— ☆	papel	— ☆	barril	— ☆
pardal	— ☆	fiel	— ☆	gentil	— ☆
curral	— ☆	aluguel	— ☆	anil	— ☆

V - REDAÇÃO

1 - **Entreviste uma pessoa antiga de sua cidade para saber quando e como foi fundada, o nome de seu fundador, que outros nomes teve a cidade, baseando-se no roteiro apresentado em "Estudos Sociais".**

Depois da entrevista, faça um relatório.

2 - **Olhe o desenho e escreva o que está acontecendo:**

VI - RECREAÇÃO

1 - **Lembra-se das vogais em código?** Agora, você vai brincar com todo o alfabeto:

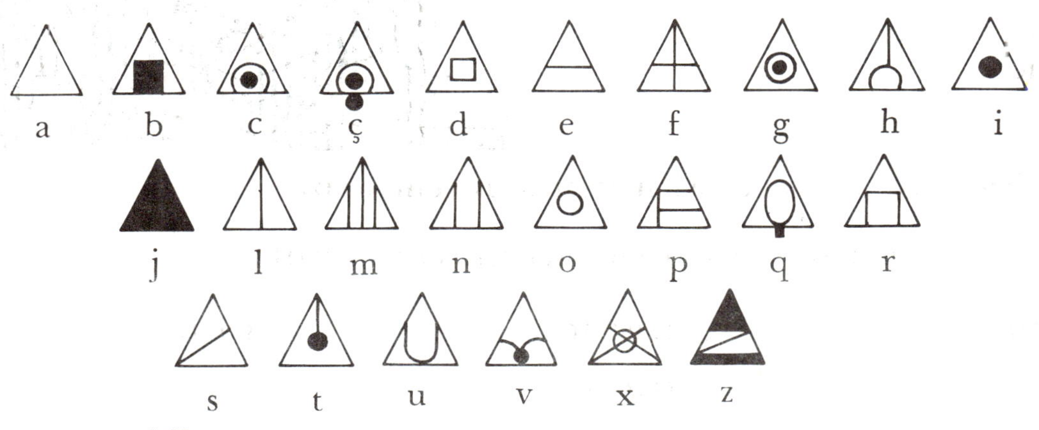

2 - **Escreva em código:**

BRASIL PORTUGAL

HÁ ALGUÉM MAIS LINDO DO QUE EU?

Eu havia acabado de nascer.

Sentia tanto frio! Uma escova grossa e quente esfregava devagarinho todo o meu corpo. Aquilo me aquecia.

A brisa passou cantando perto de mim.

Abri minhas narinas e respirei.

Só mais tarde, com grande esforço, descerrei meus olhos castanhos.

Que beleza! Quanta luz naquela manhã.

Quis me levantar e não pude.

Mamãe, ajudando-me, disse com carinho:

— Vamos, filhinho, fique de pé.

Foi então que descobri: a escova quente era a língua de minha mãe, que agora me lambia a cabeça.

Comecei a conhecer o mundo: as águas cantantes do regato, a dança das margaridas quando o vento passava, a grama verde e fresca que mamãe mastigava.

Ela me levou até o riacho que corria junto ao morro.

Olhei-me no espelho das águas. Dei um suspiro profundo, pulei de contente e relinchei:

— Oba! Eu sou o cavalinho mais lindo do mundo!

I - ESTUDO DO VOCABULÁRIO

1 - **Leia e copie as orações, substituindo as palavras grifadas pelos sinônimos.**

O cavalinho nasceu perto do **riacho.**

Uma **brisa cantante** soprou de leve.

Com **esforço,** ele abriu as narinas e respirou fundo.

Descerrou os olhos castanhos devagar.

Pôs-se de pé, olhou à volta e **relinchou** contente.

2 - **Copie cada palavra ou expressão ao lado de seu sinônimo:**

lindo	riacho
pulei de alegria	me esquentava
me aquecia	bonito
regato	rinchei
relinchei	pulei de contente

II - ENTENDIMENTO DO TEXTO

1 - **Leia o texto e responda as perguntas no caderno.**

- Quem é a personagem principal da história ?
- Que passou perto do animalzinho ?
- De que escova grossa e quente ele fala ?
- Quando aconteceram os fatos ?
- Quem disse: — "Vamos, filhinho, fique de pé."
- Como era o mundo do cavalinho ?
- Para onde a égua o levou ?

2 - **Copie o parágrafo que fala do vento e das flores.**

3 - **Explique a expressão do animalzinho:**

"Oba ! Eu sou o cavalinho mais lindo do mundo !"

4 - **Invente um nome para a personagem da história.**

III - TREINO ORTOGRÁFICO

1 - **Copie palavras do texto com:**

qua que qui

2 - **Leia a palavra:** vento

Leia agora a palavra dividida em sílabas:

ven - to

A letra **n** faz parte da sílaba **ven.**

Há no texto palavras tendo sílabas travadas com **n** .

Copie e divida-as em sílabas.

3 - **Copie palavras da lição tendo os grupos de consoantes:**

br fr gr pr

IV - ATIVIDADES GRAMATICAIS

1 - **Leia:**

o artista	um artista
a artista	uma artista

O substantivo **artista** serve tanto para gênero masculino, como para o feminino.

É substantivo **comum de dois gêneros.**

O substantivo não varia.

Só variam os artigos: **o — a — os — as** e **um — uma — uns — umas** .

2 - **Conheça outros substantivos comuns de dois gêneros:**

o dentista — a dentista	**o estudante** — a estudante
o jornalista — a jornalista	**o cliente** — a cliente
o colega — a colega	**o cientista** — a cientista
o gerente — a gerente	**o jovem** — a jovem
o feirante — a feirante	**o ajudante** — a ajudante
o sobrevivente — a sobrevivente	**o ambulante** — a ambulante

3 - **Copie as orações substituindo a ☆ pelo feminino das palavras grifadas:**

O **dentista** e a ☆ estão no gabinete dentário.

Aquele **artista** casou-se com uma ☆ .

José é **estudante** e Teresa também é ☆ .

O **feirante** e a ☆ viajaram juntos.

Este **jovem** e esta ☆ são namorados.

4 - **Veja agora:**

Maria ainda é **uma criança.**

Mário ainda é **uma criança.**

Só há uma forma para o masculino e para o feminino.

A palavra **criança** não varia. **O artigo** também não varia.

É um **substantivo sobrecomum**

Conheça outros substantivos sobrecomuns:

a pessoa	o monstro	o espírito	o modelo
a criatura	o esqueleto	o cônjuge	o carrasco
a vítima	o animal	a testemunha	o indivíduo

5 - **Vamos conhecer mais alguns coletivos:**

Abecedário ou alfabeto	— letras	**Gado**	— reses
Aglomeração	— pessoas	**Galeria**	— quadros, estátuas
Álbum	— retratos, selos, figuras	**Maço**	— papéis, cigarros
Alcatéia	— lobos	**Manada**	— bois, elefantes
Atlas	— mapas	**Matilha**	— cães
Auditório	— ouvintes	**Molho (ó)**	— chaves
Banda	— músicos	**Multidão — povo**	— pessoas
Batalhão — exército	— soldados	**Museu**	— coisas antigas
Biblioteca	— livros	**Nuvem**	— insetos
Cacho	— frutas, cabelos	**Orquestra**	— músicos
Cáfila	— camelos	**Penca**	— chaves, frutas
Colmeia — cortiço	— abelhas	**Quadrilha**	— ladrões
Corja	— vagabundos	**Rebanho**	— carneiros
Constelação	— estrelas	**Réstia**	— cebolas, alhos
Dicionário	— palavras	**Revoada**	— pássaros, aviões
Discoteca	— discos	**Serra**	— montanhas
Enxame	— abelhas	**Time**	— esportistas
Enxoval	— roupas	**Trouxa**	— roupas
Fauna	— animais de uma região	**Vara**	— porcos
Feixe	— lenha	**Viveiro**	— pássaros
Fieira	— peixinhos	**Vocabulário**	— palavras
Flora	— plantas de uma região	**Vozerio**	— vozes

São também coletivos: dezena, dúzia, centena, milheiro, grosa, trimestre, semestre, ano, século, milharal, cafezal, formigueiro etc.

6 - **Copie as palavras e adiante escreva os coletivos.**

ilhas | cães | discos | mapas
plantas | chaves | letras | esportistas

7 - **Copie e complete as orações com coletivos no lugar da ☆ :**

A ☆ de gafanhotos destruiu a plantação de milho.
Ganhei um ☆ de figurinhas.
Na praça há uma ☆ de pessoas.
As roupas do ☆ da noiva são lindas.
A ☆ de ladrões foi presa.

8 - **Copie e complete as orações com o coletivo certo, no lugar da ☆ :**

Uma **dúzia** de bananas são ☆ bananas.
Uma **grosa** de réguas são ☆ réguas.
Um **milheiro** de botões são ☆ botões.
Um **trimestre** são ☆ meses.
Um **semestre** são ☆ meses.
Um **século** são ☆ anos.

V - REDAÇÃO

1 - **Vamos descrever o cavalinho da história.** Verifique no texto.

Ficha de Identificação

Nome (À sua escolha)
Idade
Características (Cor do pêlo, manchas, cor dos olhos, altura etc.)
Onde nasceu (Descrever o ambiente com detalhes)
Primeiras experiências (Como ele via o mundo, reação à visão da sua imagem na água, conclusão a que chegou)

2 - **Dramatizar conversa simulada pelo telefone.** (Treino de diálogo)

Dois alunos conversam, enquanto um terceiro escreve o diálogo no quadro de giz. A classe copia no caderno.

Não esquecer:

- Ver se a ligação está correta.
- Identificar-se.
- Cumprimentar.
- Estabelecer um "bate-papo" informal.
- Despedir-se.

BRAÇOS E CANAVIAIS

O Brasil acabava de ser descoberto.

Havia muitas terras para cultivar, muitas mudas e sementes para plantar.

A terra era boa e produzia tudo.

Portugueses e espanhóis nunca tinham visto uma terra assim.

Era preciso plantar.

Os roletes de cana vieram de longe e os instrumentos de trabalho também.

Mas, um problema complexo surgiu. Quem derrubaria as matas? Quem plantaria as mudas? Quem semearia as sementes?

O trabalho dos negros já estava sendo explorado em outros países.

Por isso, resolveram buscar na África, braços fortes que plantassem, carpissem e colhessem.

E assim aconteceu.

Os navios "negreiros" trouxeram levas de escravos para as terras de Pernambuco.

O trabalho começou.

Em pouco tempo, pelas encostas e baixadas, os canaviais verde-amarelos ondulavam ao vento.

Os fazendeiros estavam felizes.

Construíram os engenhos. Em grandes tachas, o caldo de cana se transformava em melado grosso, cor de ouro.

E, aos primeiros raios da manhã brasileira, o açúcar, já ensacado, era transportado pelos braços negros, para os navios que vinham de além-mar.

Raça negra! Exemplo de trabalho e paciência, construindo a base da riqueza de nossa Terra!

I - ESTUDO DO VOCABULÁRIO

1 - Copie as orações, substituindo as palavras grifadas pelos sinônimos.

Consulte o glossário.

Os canaviais **ondulavam** nas **encostas.**
Os escravos negros vieram em **levas** de **além-mar.**
Os **roletes** de cana eram levados para os **engenhos.**
Sem braços para trabalhar nas plantações, o problema tornou-se **complexo.**
Em pouco tempo, as **tachas** de melado cor de ouro ferviam.

2 - Leia as expressões e copie em seu caderno, juntando-as aos sinônimos:

estavam felizes	era levado de um lugar para outro
e assim aconteceu	à procura de braços
em busca de braços	estavam contentes
era transportado	e assim sucedeu

3 - Escreva orações com as expressões:

riqueza de nossa Terra

melado cor de ouro

II - ENTENDIMENTO DO TEXTO

Releia o texto para responder, copiando as perguntas em seu caderno:

- Em que momento da História do Brasil os fatos aconteceram?
- Como era a terra?
- Que havia para semear e plantar?
- Que trouxeram os "navios negreiros"?
- Que construíram os fazendeiros?
- Em que se transformava o caldo de cana?
- Que acontecia aos primeiros raios de Sol da manhã?
- Você concorda com as idéias do último período da lição? Por quê?

III - TREINO ORTOGRÁFICO

1 - Leia e copie estas palavras com os cinco sons do X

explicar	exemplo	caixote
próximo		oxigênio

Procure na lição e escreva adiante de cada uma, outra que tenha o mesmo som.

2 - **Pesquise na lição e copie palavras com as sílabas:**

ins	cons	trans

Escreva mais uma palavra com cada uma dessas sílabas.

3 - **Estas palavras são paroxítonas terminadas em:** ável ível óvel úvel

Copie acentuando todas elas. Veja o exemplo:

amigável	horrivel	incrivel	agradavel
invisivel	movel	temivel	terrivel
imovel	miseravel	insoluvel	possivel
amavel	formidavel	automovel	impossivel

IV - ATIVIDADES GRAMATICAIS

1 - **Copie e complete as orações substituindo a ☆ por uma das palavras:**

inspetor	construíram	construção
transformou	transparente	instante

A lagarta se ☆ numa borboleta.
Paula e Amélia chegaram nesse ☆ .
O vidro é ☆ .
Os homens ☆ a ponte sobre o rio.
Chegou o ☆ da escola.
A ☆ da estrada está adiantada.

2 - **Leia e observe os substantivos:**

a baleia o jacaré

Há uma única forma para indicar tanto o macho como a fêmea.

Para discriminar o sexo, acrescentamos as palavras:

macha — macho **fêmea — fêmeo**

Assim:

a baleia **macha** o jacaré **macho**
a baleia **fêmea** o jacaré **fêmeo**

a pulga **macha** o tatu **macho**
a pulga **fêmea** o tatu **fêmeo**

Podemos também dizer: a fêmea do jacaré a fêmea do tatu

3 - **Copie as perguntas e responda em seu caderno. Veja o modelo:**

- Ensacou o açúcar? — Já está ensacado.
- Plantou o canavial? — ☆ .
- Cortou a cana? — ☆ .
- Arrancou o mato? — ☆ .
- Transportou a carga? — ☆ .

4 - **Leia a oração:**

a) Os navios trouxeram escravos.

b) Os navios trouxeram escravos **para o Brasil.**

Você reparou?

Acrescentamos à oração uma expressão que indica lugar: **para o Brasil.**

Agora você. Copie e complete indicando o lugar:

Os roletes de cana vieram ☆
Os navios atravessaram ☆
Os canaviais ondulavam ☆
O açúcar era levado para ☆

5 - **Leia as orações e copie em seu caderno, substituindo as expressões grifadas por um verbo:**

João **ficou triste.**	João **entristeceu.**
Maria **ficou com raiva.**	Maria ☆ .
Mamãe **ficou pálida.**	Mamãe ☆ .
Titia **ficou magra.**	Titia ☆ .
O céu **ficou escuro.**	O céu ☆ .
À noite **caiu chuva.**	Á noite ☆ .

6 - **Leia:**

Da palavra **vento** podemos formar outras como: **ventania** e **ventarola.**
A palavra **vento** é **primitiva.**
Ventania e **ventarola** são palavras **derivadas.**

Substantivo primitivo é o que dá origem a outra palavra.

Substantivo derivado é o que se origina de outra palavra.

7 - **Agora você. Pense e escreva palavras derivadas de:**

frio | brilho | língua

Quais são as palavras primitivas?

8 - **Observe os diversos tamanhos que as coisas podem ter:**

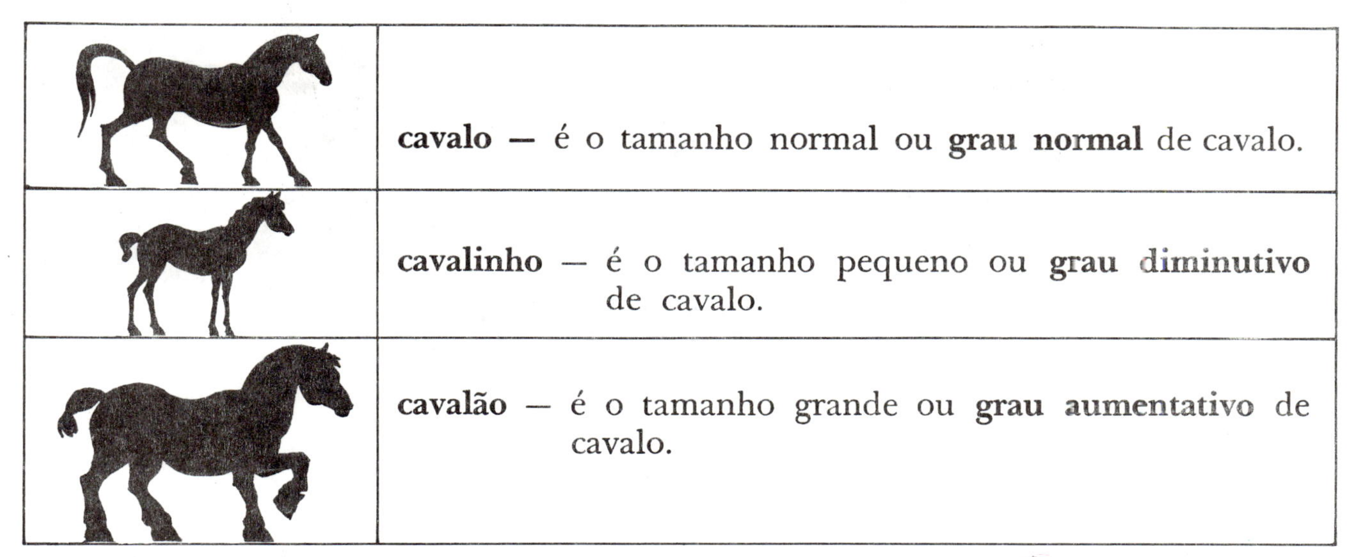

	cavalo — é o tamanho normal ou **grau normal** de cavalo.
	cavalinho — é o tamanho pequeno ou **grau diminutivo** de cavalo.
	cavalão — é o tamanho grande ou **grau aumentativo** de cavalo.

9 - **Agora você. Escreva os graus:**

casa

O grau é ☆ .

casinha

O grau é ☆

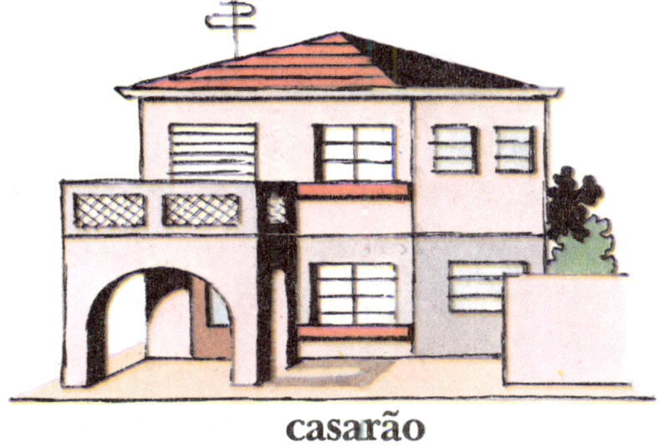

casarão

O grau é ☆

V - REDAÇÃO

1 - Escreva um texto de seis linhas sobre o tema:

"O satélite brasileiro vai descobrir coisas fantásticas."

2 - Invente e escreva, em seu caderno, uma aventura que poderia ter acontecido com você. Pode ser em quadrinhos.

O INIMIGO ESTÁ À ESPREITA

Dona Aranha armou sua teia à entrada de uma gruta.

Suspirou feliz pois, sua casa estava linda! Parecia uma renda escondida entre as pedras. Assim, ela não seria devorada pelos passarinhos e poderia caçar insetos calmamente.

O canário-chapinha trinou lá no alto da árvore. Era um chamado à companheira para caçarem a aranha.

Mas, nada conseguiram. Ela se escondeu entre as pedras.

Contentaram-se com frutinhas e voltaram para o ninho.

As aves de rapina e as crianças maldosas sempre andavam à procura de ovinhos e de filhotes.

Mas, mamãe-passarinho havia encontrado um lugar em que seus bebês estariam livres dos inimigos.

À noite, apareceu dona Coruja com seus olhos arregalados.

Voou... voou... e, como não encontrasse nada para o jantar comeu algumas lagartinhas.

Depois se escondeu no oco de um tronco, onde o gavião não poderia devorá-la.

Na Natureza é assim, meu amiguinho:

Cada um se defende como pode.

I - ESTUDO DO VOCABULÁRIO

1 - **Consulte o glossário e copie substituindo as palavras grifadas pelos sinônimos.**

O gavião caça animais nos ocos das árvores e nos quintais.
Fica atento se algum pássaro **trina.**
Voa **calmamente** e **devora** o bichinho.
Depois, **se contenta** em cochilar, encolhido no galho de uma árvore.

2 - **Copie substituindo a ☆ pelos sinônimos de uma das palavras abaixo:**

armou	maldosas	defende

A aranha ☆ sua teia num canto.
As crianças ☆ destroem os ninhos das aves.
Cada um se ☆ como pode.

3 - **Procure no glossário e copie o significado de:**

ave de rapina	gruta	Natureza

II - ENTENDIMENTO DO TEXTO

1 - **Releia a lição. Escreva em seu caderno o nome dos animais, seguindo a ordem em que cada um queria devorar o outro.**

Comece com o gavião e termine com os insetos. Assim:

O gavião queria devorar a coruja.
A coruja queria devorar ☆ .

2 - **Responda, copiando as perguntas:**

- Onde dona Aranha armou sua teia?
- Por que suspirou feliz?
- De quem ela se escondia?
- Qual o esconderijo da aranha?
- Quem anda à procura de ovinhos e de filhotes?
- Quem apareceu à noite?
- Os caçadores da história conseguiram o que desejavam? Por quê?

3 - **Responda:**

Como é na Natureza?

III — TREINO ORTOGRÁFICO

Copie as palavras e destaque os grupos de consoantes em colunas separadas:

br	cr	dr	fr	gr	pr	tr	vr

apreciou
construir
gravetinhos
frondosa

pedras
cria
trabalho
frutinhas

livre
procura
madrugada
descobriu

IV - ATIVIDADES GRAMATICAIS

1 - Copie o período em seu caderno separando as orações:

O canário trinou para chamar a companheira.

O verbo da 1.ª oração é ☆ .
O verbo da 2.ª oração é ☆ .
As duas orações estão ligadas pela palavra:

2 - Conheça alguns diminutivos diferentes. Copie em seu caderno.

vara — vareta		**barba** — barbicha	
sino — sineta		**rabo** — rabicho	
sala — saleta		**fita** — fitilho	
mala — maleta		**fio** — fiapo	
vala — valeta		**bandeira** — bandeirola	
carro — carreta		**piano** — pianola	
história — historieta		**saco** — sacola	
diabo — diabrete		**gota** — gotícula	
palácio — palacete		**monte** — montículo	
velho — velhote		**corpo** — corpúsculo	
menino — meninote		**chuva** — chuvisco	
frango — frangote		**pedra** — pedrisco	
menina — meninota		**festa** — festim	
rio — riacho		**criança** — criançola	
engenho — engenhoca		**casa** — casebre	

3 - **Copie a história passando as palavras grifadas para o diminutivo.**

O **menino** e a **menina** foram até o **palácio** perto do **rio.**
Puxaram a **corda** e tocaram o **sino** do portão.
Um **velho** de **barba branca** abriu e mandou entrar.
Na **sala,** eles tocaram piano e **tambor.**

4 - **Forme orações negativas com as expressões:**

entre as pedras

olhos arregalados

5 - **Leia a oração:**

Dona Coruja	voou a noite inteira.
sujeito	predicado

Você viu que a oração pode ter **sujeito** e **predicado.**

Sujeito — Dona Coruja.
Predicado — voou a noite inteira.

Sujeito — é aquele que pratica a ação, seja pessoa, animal ou coisa.

Predicado — é a ação praticada pelo sujeito.

Como vê, se retirarmos o **sujeito** da oração, tudo que sobra é o **predicado.**

6 - **Agora você. Separe o** sujeito **e o** predicado **da oração:**

A coruja devorou umas lagartinhas.
O sujeito é ☆ .
O predicado é ☆ .

7 - **Agora você. Copie e descubra o sujeito da oração:**

a) O canário trinou no alto da árvore.
Quem trinou?
☆ (sujeito)

8 - **Leias as orações e observe as palavras grifadas:**

O menino **acordou.** O verbo é **acordar.**	Ele termina em **ar**	Pertence à 1.ª conjugação
A coruja **aparece** à noite. O verbo é **aparecer.**	Ele termina em **er**	Pertence à 2.ª conjugação
Ela **saiu** do ninho. O verbo é **sair.**	Ele termina em **ir**	Pertence à 3.ª conjugação

O verbo **pôr** e seus compostos: **compor, repor, dispor, supor** e outros, pertencem à **2.ª conjugação.**

9 - **Você sabe usar o dicionário?** Veja:

a) As palavras estão em ordem alfabética: **a — b — c . . .**

b) No alto de cada página aparecem a primeira palavra e a última dessa página.

c) Os **verbos** aparecem com as terminações: **ar er ir or**

estudam — procure estud**ar**

vendeu — procure vend**er**

sentirão — procure sent**ir**

põem — procure p**or**

10 - **Veja a letra inicial de cada palavra abaixo.**

Copie-as e escreva onde vai procurá-las no dicionário:

No começo — No meio — No fim

aluno — no meio
homem — ☆
zoológico — ☆
banana — ☆
xarope — ☆

11 - Observe a oração:

Vamos **à** praia.

O acento colocado sobre o **à** indica a reunião de (a + a).

Chama-se **acento grave**.

Antes das palavras femininas escreva à **ou** **às**

Antes das masculinas escreva ao — aos **ou** a

Ele pediu dinheiro ☆ irmãos.

Conceição não foi ☆ praia.

Dei um presente ☆ professor.

Quero tudo ☆ claras.

Não gosto de coisas ☆ escondidas.

Vou ☆ São Paulo.

V - REDAÇÃO

1 - **Conte a história que você leu, mudando os fatos.** Faça de conta que cada animal conseguiu o que queria:

- o canário-chapinha devorou a aranha;
- a aranha caçou um inseto;
- a coruja jantou um canarinho;
- o gavião devorou a coruja.

2 - **O canário-chapinha está convidando a canária para caçar a aranha.**

Crie em balões o diálogo que está havendo entre eles.

3 - **Descreva o canário:**

- como é;
- que faz;
- de que se alimenta;
- como vive.

15

AS PLANTAS SENTEM?

Todas as manhãs, Dona Corina descia a escada que dava para o jardim e ia regar sua roseira.

— Bom dia, minha roseira, dizia ela.

— Bom dia, Dona Corina, parecia responder a planta.

— Como você é linda! Que botões maravilhosos!

A roseira se requebrava ao vento.

E, sem esperar resposta, Dona Corina deixava cair sobre ela uma chuva de pingos.

Um dia, Dona Corina encontrou a roseira quebrada.

— Pobrezinha, como deve ter sofrido, gemia ela.

Vocês acham Dona Corina louca? As plantas sentirão dor?

O pesquisador americano Cleve Beckster fez várias experiências com plantas, usando um aparelho detector de emoções.

Certa vez, encheu um vaso de água e dentro colocou uma planta.

O aparelho assinalou reação de conforto do vegetal. Mas, quando uma de suas folhas foi queimada por um fósforo aceso, os gráficos assinalaram reação de dor e de medo.

Os cientistas, em várias partes do mundo, fazem investigações, tentando provar que as plantas têm sentimentos como nós.

I - ESTUDO DO VOCABULÁRIO

1 - **Copie e substitua as palavras grifadas pelos sinônimos, consultando o glossário.**

Um **cientista** cultivava plantas e com elas fazia **diversas experiências.**
Suas **investigações,** feitas através de aparelhos, **assinalavam** o **conforto** ou o **desconforto** das plantinhas.
Quando terminava o trabalho fazia um bonito **gráfico.**

2 - **Forme orações usando as expressões:**

detector de emoções	chuva de pingos

II - ENTENDIMENTO DO TEXTO

1 - **Responda:**

- Que escada D. Corina descia de manhã?
- A quem ela cumprimentava?
- Que movimento fazia a roseira?
- Que D. Corina deixava cair sobre ela?

2 - **Copie o parágrafo explicando que aconteceu com a roseira.**

3 - **Que querem provar os estudiosos das ciências?**

4 - **Você concorda com a afirmação dos cientistas?**
Por quê?

5 - **D. Corina acredita que as plantas sentem dor.**
Copie o parágrafo que afirma isso.

6 - **Se é verdade que as plantas sentem dor, em que momento uma árvore deve sofrer muito?**

Socorro!

7 - **Copie em seu caderno, só as orações que dizem a verdade.**

A roseira ficava na varanda.
Dona Corina conversava com a roseira.
A planta não gosta da água.
Dona Corina encontrou a roseira quebrada.

8 - **Responda em seu caderno:**

Quem é Dona Corina?	Quem é Cleve Beckster?

III - TREINO ORTOGRÁFICO

As palavras abaixo são todas acentuadas.

Veja os modelos. Leia e copie acentuando em seu caderno:

ária	**éria**	**íria**	**ória**	**úria**
várias	**séria**	**síria**	**glória**	**fúria**
operaria	ferias	giria	finoria	lamuria
ordinaria	materia		chicoria	injuria
primaria	miseria		historia	penuria
milionaria			memoria	lamuria

IV - ATIVIDADES GRAMATICAIS

1 - **Copie ligando certo a coluna 1 com a coluna 2.**

O verbo é **plantar.**

Os fatos estão acontecendo. (Tempo Presente)

Eu	**planta** uma samambaia no vaso.
Tu	**planto** uma roseira no jardim.
Ele	**plantais** um coqueiro na lata.
Nós	**plantas** agrião no brejo.
Vós	**plantam** chicória na horta.
Eles	**plantamos** margaridas no canteiro.

Agora os fatos já aconteceram (Tempo Passado)

Eu	**plantou amoreiras** na chácara.
Tu	**plantamos** limoeiros no pomar.
Ele	**plantastes** laranjeiras no quintal.
Nós	**plantaram** coqueiros na praça.
Vós	**plantei** pessegueiros no terreno.
Eles	**plantaste** mamoeiros na roça.

Os fatos vão acontecer (Tempo Futuro)

Eu	**plantarás** grama no jardim.
Tu	**plantaremos** capim no pasto.
Ele	**plantarei** árvores nas ruas.
Nós	**plantará** bananeiras no sítio.
Vós	**plantarão** batatas na roça.
Eles	**plantareis** amendoim no morro.

2 - **Observe:**

As palavras **linda**, **desfolhada** e **amarela** são qualidades da rosa.

> As palavras que indicam qualidades chamam-se
> **adjetivos**

Agora você. Copie e escreva qualidades **substituindo a ☆ para:**

3 - **Conheça alguns aumentativos.** Leia e copie-os no seu caderno:

homem — homenzarrão
mulher — mulheraça
rapaz — rapagão
moça — mocetona
fogo — fogaréu
rico — ricaço
voz — vozeirão
muro — muralha
barba — barbaça
escada — escadaria

cão — canzarrão
gato — gatarrão
copo — copázio
prato — pratarraz
colher — colheraça
cabeça — cabeçorra
corpo — corpanzil
mão — manopla, manzorra
boca — bocarra
nariz — narigão

4 - **Copie, no seu caderno, a história abaixo, passando os substantivos do grau aumentativo para o diminutivo.** Altere as palavras necessárias.

> Naquele **casarão** cercado por uma **muralha,** mora um **homenzarrão.**
>
> Nele tudo é **grande**: o **corpanzil,** a **cabeçorra,** o **narigão,** a **manopla,** a **pernaça,** o **pezão,** o **vozeirão.**
>
> Para beber, usa **canecões** ou **copázios** e, para comer um **pratarraz,** uma **colheraça** e um **facão.**
>
> Seus filhos são dois **rapagões.**
>
> No **quintalão,** o **canzarrão** e o **gatarrão** estão sempre brigando.

5 - **Leia e copie passando para o plural substantivos compostos.** Veja os modelos.

a) **Repare que os dois elementos vão para o plural:**

bom-dia	—	bons-dias	limão-galego	—	limões-galegos
amor-perfeito	—	☆	cachorro-quente	—	☆
batata-doce	—	☆	bóia-fria	—	☆
banana-maçã	—	☆	guarda-civil	—	☆
erva-doce	—	☆	segunda-feira	—	☆

b) **Repare. Só o segundo elemento vai para o plural.** Copie em seu caderno.

bate-boca	—	bate-bocas	beija-flor	—	beija-flores
bate-bola	—	☆	bem-amado	—	☆
bate-papo	—	☆	bem-acabado	—	☆
bate-pé	—	☆	bem-disposto	—	☆
arrasta-pé	—	☆	pega-ladrão	—	☆

c) **Veja. Há substantivos compostos em que só o primeiro elemento vai para o plural:**

bola-ao-cesto	—	bolas-ao-cesto	pé-de-vento	—	pés-de-vento
boca-de-sino	—	☆	pé-de-moleque	—	☆
caco-de-telha	—	☆	café-com-leite	—	☆
gato-do-mato	—	☆	café-com-pão	—	☆
cachorro-do-mato	—	☆	camisa-de-força	—	☆

6 - **Procure e copie da lição:**

- uma palavra monossílaba
- uma palavra dissílaba
- uma palavra trissílaba
- uma palavra polissílaba

7 - **Copie da lição a palavra que tem o maior número de sílabas.**

8 - **Na lição há duas palavras proparoxítonas.** Copie-as.

V - REDAÇÃO

1 - **Dona Corina encontrou sua roseira quebrada.**

Desenhe o balão no caderno e invente o que ela disse. Não copie da lição.

2 - **Veja o modelo de anúncio. Escreva outro, vendendo uma bicicleta.**

Vendem-se vasos e plantas.
CHÁCARA DO SOL
Procurar Rodrigo à tarde.
Rua Itatiaia, 607

3 - **Copie substituindo a ☆ :**

Num país chamado ☆ um cientista inventou um aparelho para descobrir o pensamento das pessoas.

Certo dia ☆ .

O SONHO DAS ESMERALDAS

Naquela manhã, Ana Maria viu sumir, na curva do caminho, o pai que ela tanto adorava.

— Adeus, paizinho, lhe dissera acenando a mãozinha, no dia da partida e de nada mais se lembrava.

Certo dia, deixou de lado seus brinquedos e perguntou:

— Mamãe, por que o papai não volta mais?

— Ele vai voltar muito breve, filhinha.

— E por que não chegou ainda? Ele se foi há tanto tempo...

— Meu anjo, ele voltará logo, carregando tesouros para nós. Você o abraçará de novo.

— Mamãe, por que você está chorando?

Era assim, todos os dias.

Muitos anos mais tarde, a "bandeira das esmeraldas" voltou sem o seu chefe.

Ana Maria, a filha do intrépido bandeirante paulista Fernão Dias Pais, já mocinha, dizia corajosamente à sua mãe, enxugando as lágrimas:

— Olhe, mãezinha, mais linda que as esmeraldas, foi a coragem de meu pai. Ele desbravou os sertões e deu sua vida pela grandeza da Pátria.

I - ESTUDO DO VOCABULÁRIO

1 - **Copie as orações, substituindo as palavras grifadas pelos sinônimos:**

Os **bandeirantes, corajosamente, desbravaram** os sertões do Brasil.
Eram homens **intrépidos** que procuravam **tesouros.**
Ana Maria se despediu do pai **acenando** a mão.

2 - **Copie em seu caderno as expressões sinônimas, ligando-as como no modelo:**

agitando a mão	**lhe falara**
mais bonita	**com coragem**
corajosamente	**sacudindo a mão**
lhe dissera	**mais linda**

3 - **Forme orações com as expressões:**

naquela manhã

dia da partida

II - ENTENDIMENTO DO TEXTO

1 - **Copie em seu caderno, só as orações verdadeiras:**

Na história falam duas personagens.
Na curva do caminho, o pai de Ana Maria apareceu.
— Adeus, paizinho, lhe dissera a filha no dia da partida.
A pequena Ana Maria fazia perguntas sobre o pai.
A lição fala da "bandeira das esmeraldas".
A "bandeira das esmeraldas" voltou com seu chefe.
O pai de Ana Maria era Fernão Dias Pais.

2 - **Copie as orações, escrevendo palavras da lição no lugar da ☆ :**

Naquela ☆ Ana Maria viu ☆ na ☆ do caminho, ☆ que adorava.

Muitos anos mais tarde, a ☆ voltou sem ☆ .

3 - **Copie o diálogo entre a mãe e a filha.**

4 - **Por que a lição tem o nome de:** "O sonho das esmeraldas"?

5 - **Copie o parágrafo em que Ana Maria mostra estar conformada com a ausência do pai.**

III - TREINO ORTOGRÁFICO

Escreva com l **ou com** u **:**

homem ma ☐ vado
bo ☐ sa nova
menino ma ☐
sobrado a ☐ to
minga ☐ gostoso
ma ☐ educado
ca ☐ ça apertada
ca ☐ da peluda
salada de a ☐ face
a ☐ to moderno

IV - ATIVIDADES GRAMATICAIS

1 - **Escreva qualidades (adjetivos) para estes substantivos:**

Uns olhos ☆ .
Umas mãos ☆ .
Uma cabeça ☆ .
Um sorriso ☆ .
Uma noite ☆ .
Um dia ☆ .
Um passeio ☆ .
Uma festa ☆ .

2 - **Copie e continue a atividade no caderno:**

Filho **carinhoso**
Filha ☆ .
Padrinho **rico**
Madrinha ☆ .
Filhos **carinhosos**
Filhas ☆ .
Padrinhos ☆ .
Madrinhas ☆ .

Você viu que: O adjetivo sempre concorda com o substantivo.

3 - **Leia com atenção:**

Ele se foi **há** tanto tempo
há (com agá)
no **tempo passado**
O fato **já aconteceu.**

Ele chegará daqui **a** um mês.
a (sem acento e sem **h**)
no **tempo futuro**
O fato **vai acontecer.**

Copie e complete com há **ou com** a **:**

Viajarei para Portugal daqui ☆ um mês.
O fato aconteceu ☆ muitos anos.
☆ muito tempo atrás morei aqui.
Daqui ☆ pouco vou sair.
Estudamos juntos ☆ quase dois anos.

4 - **Leia e observe como os fatos aconteceram**

O cão **vigia** a casa.
Os fatos estão acontecendo.
A ação está no **Tempo Presente.**

O cão **vigiou** a casa.
Os fatos aconteceram.
A ação está no **Tempo Passado.**

O cão **vigiará** a casa.
Os fatos ainda não aconteceram.
A ação está no **Tempo Futuro.**

A palavra que indica ação chama-se VERBO

O verbo pode estar nos tempos:

PRESENTE | PASSADO ou PRETÉRITO | FUTURO

5 - **Copie em seu caderno e complete seguindo o modelo:**

Os fatos já aconteceram. Estão no Tempo ☆ .

— Vocês desembarcaram ? — Sim. Nós desembarcamos.
— Vocês vigiaram ? — Sim. ☆ .
— Vocês resolveram ? — Sim. ☆ .
— Vocês guardaram ? — Sim. ☆ .

6 - **Agora copie escrevendo o verbo no Tempo Futuro.** Treine oralmente antes.

O navio chegará no porto.
Marília ☆ .
Vocês ☆ .
Nós ☆ .
Os rapazes ☆ .

7 - **Copie e complete no seu caderno:**

Pela manhã eu **estudo** as lições. O verbo é ☆ .	Ele está no Tempo ☆
No próximo ano **mudarei** de casa. O verbo é ☆ .	Ele está no Tempo ☆
Meus tios **chegaram** ontem de viagem. O verbo é ☆ .	Ele está no Tempo ☆

8 - Observe:

A menina — deixou os brinquedos.

sujeito — **predicado**

A oração tem um só sujeito: **A menina.**
É um **sujeito simples.**

Leia agora:

A mãe e a filha — conversavam sempre.

sujeito — **predicado**

A oração tem mais de um sujeito: **A mãe e a filha.**

Quando a oração tem mais de um sujeito ele é **sujeito composto**

9 - Leia as orações. Escreva [s] **quando o sujeito for simples, e** [c] **quando for composto.**

O pai não voltou.

Os pais estimam os filhos.

A mãe e a filha estão falando.

As manhãs estão frias.

O bandeirante e sua filha se despediram.

O cão e o gato são inimigos.

10 - Complete as palavras acrescentando [im] **ou** [in]

Quem não é paciente é ☐ paciente

O que não é completo é ☐ completo

O que não é quieto é ☐ quieto

O que não é certo é ☐ certo

11 - Passe as palavras para o diminutivo, substituindo a ☆ .

Tire o **s** e junte **zinhos** ou **zinhas** .

as mães	— as mãezinhas		as lãs	— as	☆ .
as mamães	—	☆	as irmãs	— as	☆ .
os cães	—	☆	as manhãs	— as	☆ .
os pães	—	☆	as anãs	— as	☆ .
as mãos	—	☆	as maçãs	— as	☆ .
os piões	—	☆	as rãs	— as	☆ .

V - REDAÇÃO

1 - **Seu pai fez uma viagem.** Escreva uma narração contando: por que ele viajou; quanto tempo durará a viagem e quando voltará.

2 - Faça uma pesquisa com seus colegas, sobre as principais bandeiras que exploraram o Brasil, após o descobrimento.

VI - CRIATIVIDADE

Desenhe um bandeirante como você imagina.

VII - RECREAÇÃO

Um portador entregou um bilhete em código à mãe de Ana Maria. Ajude-a a ler o que dizia:

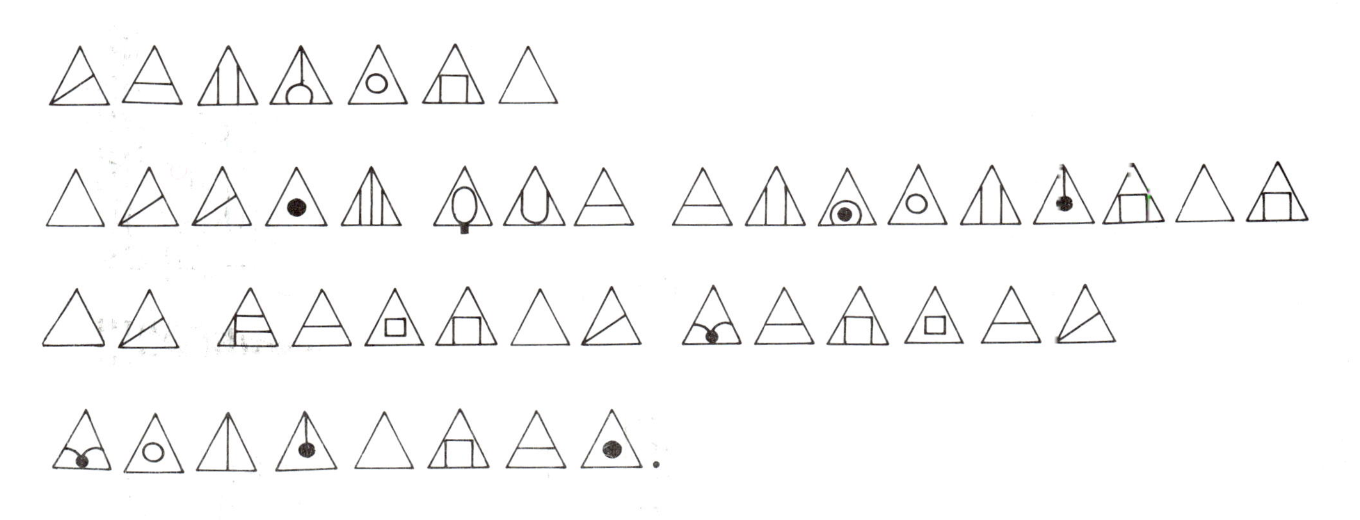

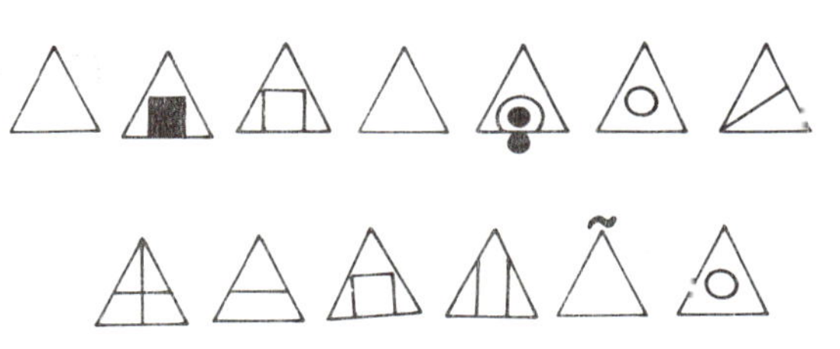

MÃE

(Nazira Féres Abi-Sáber)

Mãe é como árvore, já repararam?
É acolhedora, tranqüila, segura, presa firmemente
ao solo, ao mesmo tempo que espalha, aos quatro ventos,
a galharia fresca, a copa verdejante.
Mãe é repouso e sossego.
Quando a gente está cansada, ou triste, ou desiludida,
ou desanimada, ela nos reconforta cobrindo-nos com a sua
sombra e o farfalhar de suas folhas.
O mundo é uma floresta de mães.
Mães novas e mães velhas.
Mães magras e mães gordas.
Mães enrodilhadas de tanto sofrer
Mães na pujança da seiva e do vigor.

Floresta enorme, bem trançadinha de
mil segredos, com riachos, com lagoas, pirilampos.
rouxinóis, pardais e sabiás.

Floresta de mães, trançada com os mil
segredos da ternura e do bem-querer.

A mãe quando morre é uma árvore
que tomba. É uma clareira que se abre. Clareira
batida de Sol, de vento, de tempestade, de mil
medos e temores que inquietam o coração do filho.

Vida de filho sem mãe é solidão e
isolamento.

É saudade doída daquela árvore tão verde,
tão copada, tão fresca.

É vida sozinha
na floresta vazia!...

I - ESTUDANDO AS PALAVRAS

1 - **Copie as orações e substitua as palavras grifadas por seus sinônimos.**

Aquela casa era **acolhedora** e **segura.**

Ele estava na **pujança da seiva** e no **vigor** de seus 18 anos.

Na **clareira** da mata os **pirilampos** acendiam seu pisca-pisca.

O vento agitava a **galharia** das **copas** verdejantes.

Na escuridão, o **farfalhar** das folhas **inquietam** e causam **temores.**

2 - **Copie as orações substituindo as palavras grifadas pelo sinônimo certo.**
Olhe no glossário.

a) A mãe recebeu-o com **ternura.**
prazer **carinho** **amizade**

b) Um banho de chuveiro **reconforta** no verão.
fortifica **dá reforço** **dá ânimo**

c) Ela ficava desanimada naquela **solidão.**
isolamento **imensidão** **lugar**

II - ENTENDIMENTO DO TEXTO

1 - Copie:

a) O nome da poesia.
b) O nome da autora.

2 - Responda, relendo a poesia:

a) Com que a autora compara a mãe?
b) Quando a gente está cansada, que faz a mãe?
c) Que qualidades a autora deu à árvore?
d) Você concorda que a mãe se parece com uma árvore? Por quê?
e) Quais os tipos de mães que a autora enumera na poesia?

3 - Olhe na poesia, copie e complete certo, substituindo a ☆ :

Mãe é repouso e ☆ .
Vida sem mãe é ☆ .
A mãe quando morre é ☆ .
O mundo é ☆ .

III - TREINO ORTOGRÁFICO

1 - Vamos treinar os sons do s

Copie em tiras de papel as duas orações:

a) Mãe é repouso e sossego   b) A mãe está cansada e desanimada

Leia a ficha **"a"**. Vire ao contrário e pense no que leu. Se não lembrar torne a ler.
Escreva no caderno sem olhar a ficha.
Compare o que escreveu com o que leu.
Se acertou, você ganhou um ponto.
Se errou, repita a atividade.

Faça o mesmo com a ficha **"b"**.

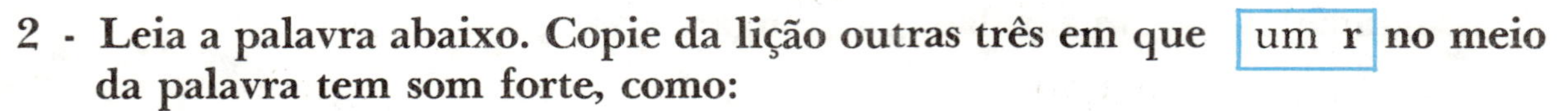

2 - Leia a palavra abaixo. Copie da lição outras três em que um r **no meio da palavra tem som forte, como:**

enrodilhada

IV - ATIVIDADES GRAMATICAIS

1 - Leia. Observe que o adjetivo serve para comparar pessoas, animais, coisas e lugares.

O carro azul é **tão** bonito **quanto** o amarelo.

Os dois têm qualidades **iguais.**
Comparação de **igualdade.**

O carro amarelo é **mais** bonito **que** o vermelho.

Um tem qualidade **superior** ao outro.
Comparação de **superioridade.**

O carro marrom é **menos** bonito **que** o verde.

Um tem qualidade **inferior** ao outro.
Comparação de **inferioridade.**

2 - Agora você. A qualidade é bravo . Copie e complete fazendo comparações:

De **igualdade** — Meu cão é ☆ bravo ☆ o seu.
De **superioridade** — Meu cão é ☆ bravo ☆ o seu.
De **inferioridade** — Meu cão é ☆ bravo ☆ o seu.

3 - Passe para o plural as orações:

A criança ficou imóvel de medo.
Comprei um automóvel usado.
Que móvel antigo!
Pluto é um cão terrível.

4 - Copie as palavras separando as sílabas. Contorne a sílaba tônica.

sossego — sos (se) go

clareira	coração	mundo	segredo
sofrer	filho	floresta	farfalhar

5 - **Copie as expressões da 1.ª coluna e ligue certo às da 2.ª coluna.**

gesto de afeto	raio **solar**
trem do dia	amor **materno**
amor de mãe	vento **noturno**
raio de Sol	gesto **afetuoso**
bandeira do Brasil	salário **mensal**
amor de pai	trem **diurno**
vento da noite	gesto **amoroso**
gesto de amor	trabalho **manual**
salário do mês	bandeira **brasileira**
trabalho com as mãos	amor **paterno**

6 - **Se você juntar o pedacinho** des **a certas palavras, formará antônimos.**

Observe, copie e continue no seu caderno:

animada	— **des**animada	enroscar	— ☆
armada	— **des**armada	ocupado	— ☆
iludido	— ☆	cansada	— ☆
abotoado	— ☆	igual	— ☆
amarrado	— ☆	arrumar	— ☆
enganada	— ☆	pentear	— ☆

V - REDAÇÃO

1 - **Descreva sua mãe ou a pessoa com quem você vive.** Descrever é contar como são as pessoas:

- o que fazem;
- de que gostam;
- se são alegres ou tristes;
- em que trabalham;
- onde e como vivem.

2 - **Escreva uma mensagem com as palavras:**

mãe — amor — filho

3 - **Se hoje fosse o "Dia das Mães", que mensagem você mandaria à sua?**

Escreva no seu caderno.

JOANINHA, A “VACA BRAVA”

Joaninha era o próprio capeta.
Atravessava o pasto correndo atrás dos animais.
Lutava com os moleques, batendo e apanhando.
Trepava em árvores como um macaco.
Atirava pedras nas aves.
Certo dia, a mãe, cansada de suas travessuras, gritou:
— Menina, você é pior que “vaca brava”.
Para ela, aquilo era o maior insulto.
Debulhada em lágrimas, correu para a casa de Noiatá, índia bonita, que se casara com um branco civilizado e queixou-se:
— Minha mãe me xingou de “vaca brava”.
Noiatá riu e disse:
— Sua mãe, mulher santa!
Nome bonito “vaca”.
Leite vaca, bom e gostoso.
Leite vaca dá queijo, manteiga...
Couro vaca dá tamborim.
Chifre vaca, faz tacape.
Morre vaca, faz inúbia de osso.
Dente vaca dá colar, pulseira...
Muito bonito chamar “vaca”.
— Você acha, Noiatá?
— Muito bonito mesmo. Sua mãe, mulher santa.
Joaninha enxugou as lágrimas e contente foi para casa, pulando e cantando.

I - ESTUDO DO VOCABULÁRIO

1 - **Leia e copie, substituindo as palavras grifadas pelos sinônimos:**

Noiatá era casada com um branco **civilizado.**
Os índios fazem **tacape**, tocam **inúbia** e **tamborim.**
Joaninha era o próprio **capeta.**
A menina fazia **travessuras.**
Trepava em árvores como um macaco.
Certo dia, ela se **queixou**:
— Minha mãe me **xingou** de "vaca brava".
Que **insulto**!

2 - **Forme orações com as expressões:**

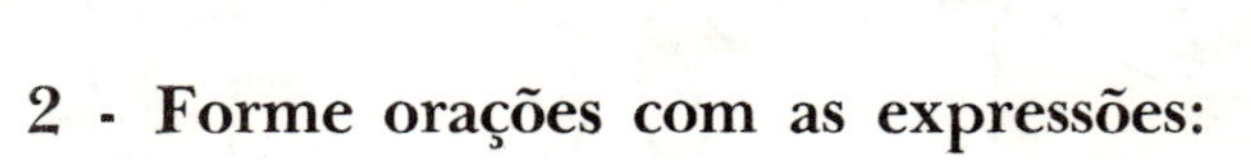

vaca brava	pulando e cantando

II - ENTENDIMENTO DO TEXTO

1 - **Responda em seu caderno:**

a) Quem é Noiatá?
b) Você acha que ela disse a verdade? Por quê?
c) Que diria você à Joaninha?
d) Que outro nome você daria à lição?
e) Dê sua opinião sobre o comportamento de Joaninha. Seja sincero.

2 - **Copie e complete certo no caderno:**

a) **A expressão** "era o próprio capeta" **quer dizer que Joaninha era:**

endiabrada — enfezada — malcriada

b) Para Noiatá, parecer com "vaca" significa pessoa:

valente e útil — boa e útil — levada e útil

c) "**Debulhada em lágrimas**" é o mesmo que:

desmanchada em lágrimas
nadando em lágrimas
umedecida em lágrimas

III - TREINO ORTOGRÁFICO

Vamos treinar palavras com dificuldades ortográficas, fazendo auto-ditado.

Copie as orações em tiras de papel (fichas):

a) Joaninha **atravessa** o pasto **correndo atrás** dos animais.

b) A mãe estava **cansada** de suas **travessuras.**

c) Ela ouviu o **insulto debulhada em lágrimas.**

Siga a orientação dada em "Treino Ortográfico" à página 98.
Cada ficha certa vale um ponto.
Se acertou as três, parabéns !

IV - ATIVIDADES GRAMATICAIS

1 - **Vamos comparar qualidades usando os adjetivos:**

bom — mau — pequeno — grande

Veja:

Este menino é **mau**, aquele é **bom**.

Maria é **pequena**, mas seu irmão é **grande**.

Os adjetivos **bom, mau, pequeno, grande** possuem formas diferentes de comparativos.

Em lugar de:

mais bom	—	diga **melhor**
mais mau	—	diga **pior**
mais pequeno	—	diga **menor**
mais grande	—	diga **maior**

Os adjetivos **melhor, pior, menor** e **maior** estão no **comparativo de superioridade.**

2 - **Copie e complete com um dos adjetivos** melhor **ou** pior

É ☆ rir do que chorar.

Perder a saúde é a ☆ coisa.

O ☆ é chegar cedo na escola.

3 - Copie e complete com um dos adjetivos maior **ou** menor :

O elefante é o ☆ dos animais.

Fevereiro é o ☆ mês do ano.

O rato é ☆ que o gato.

4 - Copie e separe as orações dos períodos:

a) Joaninha enxugou as lágrimas e correu para casa.

1.ª oração — ☆

2.ª oração — ☆

A partícula que liga as duas orações é:

b) A vaca é útil **porque** fornece muitos produtos.

1.ª oração — ☆

2.ª oração — ☆

A palavra que liga as duas orações é:

c) Joaninha chorou **quando** sua mãe a xingou.

1.ª oração — ☆

2.ª oração — ☆

A palavra que liga as duas orações é: ☆ .

As palavras que servem de **junção,** de **ligação** nas três orações acima são:

e porque quando

A palavra que serve de **junção**, isto é, de **ligação** entre as orações chama-se **conjunção**.

con + junção = **conjunção** (com ligação)

Complete o sentido das orações, escrevendo o predicado.

Joaninha ☆ .
Minha mãe ☆ .
Você ☆ .
O leite de vaca ☆ .

5 - **Leia:**

Eu recebi uma recompensa.
Tu recebeste uma recompensa.
Ele recebeu uma recompensa.
Nós recebemos uma recompensa.
Vós recebestes uma recompensa.
Eles receberam uma recompensa.

As palavras **eu**, **tu**, **ele** (ela), **nós**, **vós**, **eles** (elas) são chamadas **pronomes pessoais**. Eles substituem os nomes das pessoas ou um substantivo

6 - **Leia:**

João pagou o imposto predial.
Ele pagou o imposto predial.

Os cães vigiam a casa.
Eles vigiam a casa.

Os pronomes pessoais se referem:

à pessoa que fala	eu, nós
à pessoa com quem se fala	tu, vós
à pessoa de quem se fala	ele, ela — eles, elas

7 - Os pronomes pessoais dividem-se em: **retos e oblíquos**

PESSOAS	CASO RETO	CASO OBLÍQUO
1.ª pessoa do singular	eu	me, mim, comigo
2.ª pessoa do singular	tu	te, ti, contigo
3.ª pessoa do singular	ele, ela	se, si, o, a, lhe, consigo
3.ª pessoa do singular	você	se, si, o, a, lhe, consigo
1.ª pessoa do plural	nós	nós, conosco
2.ª pessoa do plural	vós	vós, convosco
3.ª pessoa do plural	eles, elas	se, si, os, as lhes, consigo
3.ª pessoa do plural	vocês	se, si, os, as, lhes, consigo

Substitua os nomes grifados por pronomes pessoais do caso reto:

a) **Rita** chupou balas.
b) **O menino** chutou bola.
c) **João** e **Pedro** saíram.
d) **Eu** e **você** viajamos.

8 - **Copie e substitua a ☆ por pronomes pessoais do caso reto, de acordo com o verbo:**

☆ riste muito.
☆ rimos muito.
☆ ri muito.
☆ riram muito.
☆ riu muito.
☆ ristes muito.

☆ deitei cedo.
☆ deitou cedo.
☆ deitaste cedo.
☆ deitaram cedo.
☆ deitamos cedo.
☆ deitastes cedo.

9 - **Continue a atividade no caderno, de acordo com os modelos:**

Eu já conheço **você.** Eu já **a** conheço.

Eu vi **você** na rua.
Pegue **a mala.**

Segure **o bebê.** Segure-**o.**

Arrume **os livros.**
Não conheço **essas jovens.**

Quero acompanhar **você.** Quero acompanhá-**la.**

Preciso encontrar **os rapazes.**
Vou agradar **a menina.**

Vá buscar **o dinheiro.**
Quero vender **a casa.**

Eles venderam **o carro.** Eles venderam-**no.**

Carregaram **o lixo.**
Fecharam **a janela.**

Mostraram **os retratos.**
Tomaram **os remédios.**

V - REDAÇÃO

1 - **Relacione:**

- as três coisas que acha piores;
- as três coisas que acha melhores.

2 - **Você tem um animal de estimação?**

Descreva-o:

- se é grande ou pequeno;
- como é;
- onde vive;
- como você convive com ele;
- de que brincam;
- como conseguiu esse amiguinho.

O PESCOÇO DA GIRAFINHA

Os alunos de Dona Carmen foram ao Jardim Zoológico para observar as crias junto às mães.

Viram uma família de macacos tão engraçada!

A mamãe-macaca catava pulgas em seu filhote, enquanto ele mamava.

O macaco, sentado como gente, descascou uma banana e jogou a casca no meio da criançada.

Depois, os alunos admiraram dois leõezinhos ao lado da mamãe-leoa, que os lambia vagarosamente.

Assim que as crianças se aproximaram, ela rugiu, arreganhando os dentes.

Constantino, um menino curioso, perguntou:

— Dona Carmen, por que a leoa está brava?

— Porque tem medo que lhe tirem os filhotes. Todas as mães protegem sua prole. É o instinto materno.

Lá adiante, viram a girafinha, ao lado de dona Girafa.

Lucinha exclamou admirada:

— Olhem como o pescoço da girafinha é parecido com o da mãe!

A professora explicou:

— É claro. Os pais transmitem suas características aos filhos: a cor da pele, dos olhos, dos cabelos, a altura etc.

O pescoço comprido da girafinha é herança da girafa-mãe.

I - ESTUDANDO AS PALAVRAS

1 - Copie as orações substituindo as palavras em negrito por seus sinônimos:

A leoa **urrou arreganhando** os dentes.
Todas as mães **protegem** sua **prole**.
É o **instinto materno**.
Os pais **transmitem** suas **características** aos filhos.

2 - Forme uma oração com a palavra e a expressão:

Jardim Zoológico — herança

II - ENTENDIMENTO DO TEXTO

1 - Responda em seu caderno:

a) Que classe de animais os alunos de Dona Carmem estavam estudando?
b) De quantos membros era formada a família dos macacos?
c) Qual a atitude da leoa com a aproximação das crianças?
d) Que explicação você daria para o pescoço comprido da girafa?

2 - Copie só as orações verdadeiras.

No Zoológico havia uma família de macacos.
A leoa não tinha filhos.
Todas as mães têm instinto materno.
O pescoço da girafinha é herança da mãe-girafa.
Os pais não transmitem suas características aos filhos.

III - TREINO ORTOGRÁFICO

1 - Copie da lição as palavras com as sílabas:

ins — cons — trans

Escreva mais uma palavra de cada tipo.

2 - Copie as palavras com ç e grife só as da lição.

pescoço	soluço	engraçada
açúcar	herança	criança

3 - Veja como eu fiz. Copie e continue a atividade:

caçoa — caçoar	fuça —	almoço —
coça —	iça —	caça —
calça —	começa —	alvoroço —

IV - ATIVIDADES GRAMATICAIS

1 - Leia:

O pescoço da girafa é **muito alto.**
O pescoço da girafa é **altíssimo.**
O pescoço da girafa é **o mais alto.**

Os adjetivos: **muito alto**, **altíssimo** e **o mais alto** exprimem o máximo de qualidade, "super" qualidade.

Estão no **Grau Superlativo**

Para formar o grau superlativo, juntamos ao adjetivo as terminações:

íssimo — compridíssimo
ílimo — dificílimo
érrimo — paupérrimo

Juntamos também as palavras:

muito — **muito** curioso
bastante — **bastante** curioso
o mais — **o mais** curioso
a mais — **a mais** curiosa
o menos — **o menos** curioso
a menos — **a menos** curiosa

2 - Conheça alguns superlativos:

ágil	agilíssimo, agílimo	**gentil**	gentilíssimo
agradável	agradabilíssimo	**grande**	grandíssimo, máximo
amargo	amarguíssimo, amaríssimo	**hábil**	habilíssimo
amável	amabilíssimo	**honesto**	honestíssimo
amigo	amicíssimo, amiguíssimo	**humilde**	humildíssimo, humílimo
antigo	antiguíssimo, antiqüíssimo	**inteligente**	inteligentíssimo
baixo	baixíssimo	**infeliz**	infelicíssimo
bom	boníssimo, ótimo	**magro**	magríssimo, magérrimo
célebre	celebérrimo	**mau**	malíssimo, péssimo
comum	comuníssimo	**miserável**	miserabilíssimo
contente	contentíssimo	**notável**	notabilíssimo
difícil	dificílimo	**pequeno**	pequeníssimo, mínimo
doce	docíssimo, dulcíssimo	**pobre**	paupérrimo
digno	digníssimo	**popular**	popularíssimo
educado	educadíssimo	**ruim**	péssimo
fácil	facílimo	**sábio**	sapientíssimo
feliz	felicíssimo	**simples**	simplicíssimo
feroz	ferocíssimo	**terrível**	terribilíssimo
fraco	fraquíssimo	**veloz**	velocíssimo
frio	frigidíssimo, friíssimo	**vivo**	vivíssimo

3 - Leia as orações:

Estou **muito feliz.**
Estou **felicíssimo.**

Aí estão duas formas do superlativo.
Copie e passe as orações para a segunda forma.

Este macaquinho é **muito esperto.**
Márcio é **muito amigo** de Evandro.
Ele está **muito contente.**
Achei o doce **muito bom.**

4 - Copie e escreva o grau normal das seguintes expressões:

cantor **popularíssimo**
carro **velocíssimo**
dia **felicíssimo**
animal **ferocíssimo**
remédio **amarguíssimo**
conversa **agradabilíssima**
criança **educadíssima**
lição **facílima**

5 - Escreva os adjetivos na forma superlativa:

contente
agradável
amargo
honesto
magra
amável
bom
inteligente
feliz

6 - Leia:

A **girafa** é **gulosa.**
A **girafa** e a **girafinha** são **gulosas.**
Os **patos** são **gulosos.**
O **pato** e a **pata** são **gulosos.**

Você viu que:

O adjetivo sempre concorda com o substantivo.

7 - Agora você. Copie e complete as orações com os adjetivos:

gulosa	gulosas	guloso	gulosos

A macaca e a macaquinha são ☆ .
O macaco é ☆ .
A macaca é ☆ .
O macaco e a macaca ☆ .
A girafa e o macaco ☆ .

8 - Copie as orações substituindo a ☆ pelos pronomes do caso oblíquo:

o — a — as — nos — me — mim — lhe — se

a) Ela ☆ perfumou toda.
b) Não ☆ aborreça.
c) Nós ☆ amamos.
d) Eu vi Pedro e ☆ cumprimentei.
e) Disse - ☆ que estava certo.
f) Eu estive com Lúcia e ☆ abracei.
g) Comprei um vestido para ☆ .
h) Vi as malas e comprei - ☆ .

9 - Leia e copie ligando certo os pronomes. Veja o modelo.

TEMPO PRESENTE

O verbo é vestir

Eu **me** visto
Tu **te** vestes
Você **se** veste
Nós **nos** vestimos
Vós **vos** vestis
Vocês **se** vestem

O verbo é servir	
Eu **me**	servimos
Tu **te**	sirvo
Você **se**	serves
Nós **nos**	servem
Vós **vos**	serve
Vocês **se**	servis

10 - Continue de acordo com o modelo:

Vi o carro **dele** no estacionamento.
Vi o **seu** carro no estacionamento.

a) Eu sei onde fica a casa **dela.**
b) Vá até o escritório **dele**.
c) Estraguei os brinquedos **deles**.
d) Os discos **delas** são modernos.

11 - **Veja a oração:**

A mãe	perdeu a paciência.

Sujeito: a mãe.
Predicado: perdeu a paciência.
A **palavra principal** do sujeito é | mãe |

Leia:

A mãe e o pai	foram à cidade.

Sujeito: a mãe e o pai.
Predicado: foram à cidade.
As **palavras principais** do sujeito são: | **mãe, pai.** |

12 - **Agora você; copie e complete no seu caderno:**

O rapaz estuda muito.
Sujeito:
Predicado:
A **palavra principal** do sujeito é:

O rapaz e a moça estudam muito.
Sujeito:
Predicado:
As **palavras principais** do sujeito são:

V - REDAÇÃO

1 - **Faça de conta que você coleciona selos, figurinhas e recebeu carta de uma pessoa propondo troca de alguns.** Responda como achar conveniente.

2 - **Conte um passeio que você fez.**

- Quando foi?
- Onde?
- Você foi só ou com alguém?
- Como foi?
- Que aconteceu?
- Você se divertiu?

3 - **Leia as legendas:**

Defenda a Natureza	Plante árvores

Crie uma legenda falando dos animais.

O IMPOSTO

20

Prof. João Rodella

Imposto
com gosto
pagamos.
Crescemos,
expandimos,
prosperamos.
Sentimos
que damos
e colaboramos
para o progresso:

o asfalto,
os hospitais,
as creches,
as escolas,
as usinas.
Enfim,
damos ao Brasil
e recebemos tudo
multiplicado por mil.

I - ESTUDO DO VOCABULÁRIO

1 - **Copie substituindo as palavras grifadas por sinônimos.**

Vou visitar a **usina** de açúcar.

Nós trabalhamos e **prosperamos.**

Quero **expandir** o meu negócio.

Vou **colaborar** com você em seu trabalho.

2 - **Procure no glossário e copie o significado de:**

progresso	imposto	creche

II - ENTENDIMENTO DO TEXTO

1 - **Responda em seu caderno:**

a) Para que pagamos impostos?

b) Que quer dizer:

"Enfim damos ao Brasil e recebemos tudo multiplicado por mil"?

c) A lição diz que crescemos, prosperamos. Como podemos prosperar?

d) De acordo com o texto, quais são as principais personagens?

e) Qual o fato principal da lição?

2 - Você acha que devemos pagar impostos? Converse com seu pai sobre isso.

3 - Dos benefícios recebidos, qual você acha mais importante?

III - TREINO ORTOGRÁFICO

1 - **Pense e escreva seis palavras começadas com** h **como na palavra** hospitais.

2 - **Faça uma pesquisa e escreva seis palavras começadas com a sílaba** ex.

Veja os modelos:

expandimos	**ex**plosão	**ex**pulso

IV - ATIVIDADES GRAMATICAIS

1 - Transforme substantivos em adjetivos. Tire o **a** final de algumas palavras e acrescente **oso**.

raiva	teima	gosto	perigo
glória	carinho	manha	cheiro
amor	orgulho	fúria	dengo
poder	fama	feio	inveja

2 - Copie as duas colunas fazendo a correspondência das palavras antônimas:

gosto	nada
damos	regredimos
tudo	desgosto
progredimos	tiramos

3 - Leia e observe as palavras grifadas:

Marisa fez **dez** anos.

Ela está na **quarta** série.

A professora tem o **triplo** de sua idade.

Um **terço** da classe é formada de meninos.

As palavras **dez, quarta, triplo** e **terço** dão idéia de quantidades. São **numerais.**

> **Numerais** são palavras que indicam quantidade, ordem, multiplicação ou fração.

O numeral pode ser:

Cardinal — indica seqüência numérica: um, dois, três, dez, vinte, cem...
Ordinal — indica ordem: primeiro, segundo, terceiro, quarto...
Multiplicativo — indica multiplicação: dobro, triplo, quádruplo...
Fracionário — indica divisão: fração, meio, terço, quarto, décimo, centésimo...

4 - **Conheça alguns numerais mais usados:**

CARDINAIS		ORDINAIS		SÍMBOLO	FRACIONÁRIOS	MULTIPLICATIVOS
1	um	1.º	primeiro	1/1		
2	dois	2.º	segundo	1/2	metade, meio	duplo ou dobro
3	três	3.º	terceiro	1/3	um terço	triplo
4	quatro	4.º	quarto	1/4	um quarto	quádruplo
5	cinco	5.º	quinto	1/5	um quinto	quíntuplo
6	seis	6.º	sexto	1/6	um sexto	sêxtuplo
7	sete	7.º	sétimo	1/7	um sétimo	sétuplo
8	oito	8.º	oitavo	1/8	um oitavo	óctuplo
9	nove	9.º	nono	1/9	um nono	nônuplo
10	dez	10.º	décimo	1/10	um décimo	décuplo
11	onze	11.º	décimo primeiro	1/11	um onze avos	undécuplo
12	doze	12.º	décimo segundo	1/12	um doze avos	duodécuplo
13	treze	13.º	décimo terceiro	1/13	um treze avos	
14	quatorze	14.º	décimo quarto	1/14	um quatorze avos	
15	quinze	15.º	décimo quinto	1/15	um quinze avos	
16	dezesseis	16.º	décimo sexto	1/16	um dezesseis avos	
17	dezessete	17.º	décimo sétimo	1/17	um dezessete avos	
18	dezoito	18.º	décimo oitavo	1/18	um dezoito avos	
19	dezenove	19.º	décimo nono	1/19	um dezenove avos	
20	vinte	20.º	vigésimo	1/20	um vinte avos	
30	trinta	30.º	trigésimo	1/30	um trinta avos	
40	quarenta	40.º	quadragésimo	1/40	um quarenta avos	
50	cinqüenta	50.º	qüinquagésimo	1/50	um cinqüenta avos	
100	cem	100.º	centésimo	1/100	um cem avos	
200	duzentos	200.º	ducentésimo	1/200	um duzentos avos	
300	trezentos	300.º	trecentésimo	1/300	um trezentos avos	
400	quatrocentos	400.º	quadringentésimo	1/400	um quatrocentos avos	
500	quinhentos	500.º	qüingentésimo	1/500	um quinhentos avos	
1.000	mil	1.000.º	milésimo	1/1.000	um milésimo	

5 - **Copie em seu caderno, completando de acordo com o modelo.**

Veja o que aconteceu na competição esportiva:

1.º — Eu cheguei em **primeiro** lugar.
8.º — Francisco chegou em **oitavo.**
10.º — O ☆. lugar ficou para o Luís.
14.º — Em ☆ lugar, foi o Pedro.
20.º — Em ☆ lugar, chegou o Marcos.
25.º — Em ☆ lugar, não me lembro.
100.º — O Zico chegou desanimado no ☆ lugar.

6 - Copie e responda em seu caderno:

a) Lúcia tem doze anos e seu irmão caçula tem um quarto dessa idade.
Quantos anos tem o irmão caçula de Lúcia?

b) Dividi um bolo em cinco partes e dei um pedaço ao Antônio.
Que parte do bolo eu dei?

c) Como se chama a parte de um prêmio dividido em trinta porções?

7 - Pense, copie e responda no caderno:

a) Qual é o **sêxtuplo** de 10?

b) Uma mulher teve filhos **quíntuplos**.
Quantos filhos ela teve?

c) Qual é o **triplo** de nove?

V. REDAÇÃO

1 - Com estes elementos faça uma redação:

O Brasil é a nossa terra.
Necessitamos ajudar o Brasil a crescer.
Como podemos contribuir para isso.

2 - Antes de iniciar a redação leia o roteiro.

Invente e escreva sobre uma excursão que você e os alunos de sua classe fizeram.

Conte:

- quem organizou e dirigiu;
- qual o meio de transporte utilizado;
- a que horas sairam e de onde partiram;
- aonde foram;
- que viram de interessante;
- que fatos agradáveis ou desagradáveis aconteceram durante a viagem;
- se a excursão teve saldo positivo ou negativo e por que;
- quando voltaram.

À PROCURA DE UM NINHO

Dona Avestruz corria veloz pelo areião.

Já cansada, a grande ave corredora, com mais de dois metros de altura, tentou voar, mas em vão. Suas asas eram curtas.

Afinal, achou um lugar adequado.

Fez um grande buraco na areia e ali se ajeitou.

Alguns dias depois, pôs ovos enormes. Cada um com o peso de vinte e quatro ovos de galinha.

A incubação durou quarenta dias.

Durante o dia, mamãe-avestruz deitava-se sobre eles.

O macho aquecia-os durante a noite.

Uma vez ou outra, quando saía do ninho a avestruz-mãe, cuidadosa, recobria-os com uma camada de areia.

Assim conservava o calor e evitava que os raios do Sol os cozinhasse.

Enquanto chocava, mamãe-avestruz fazia planos:

— Quando meus filhotes nascerem vou ensiná-los a comer pedrinhas, pequenos animais, insetos, brotos de árvores, folhas e raízes.

E voltando-se para o avestruz-pai:

— Você vigiará nossos filhotes quando forem capazes de correr e de sair para dar seus passeios. Serão os bebês mais fortes do mundo!

I - ESTUDO DO VOCABULÁRIO

1 - **Copie as orações substituindo as palavras grifadas pelos sinônimos:**

A grande ave corredora procurou no **areião** um lugar **adequado** para botar seus ovos.

Fez o ninho em lugar **seguro.**

A **incubação** durou quarenta dias.

Enquanto chocava fazia **planos** quanto à alimentação dos filhotes.

2 - **Ligue, em seu caderno, as palavras e expressões sinônimas.**

em vão	ave que corre
veloz	procurou
tentou	inutilmente
ave corredora	ligeiro, rápido

3 - **Forme orações usando as expressões:**

corria pelo areião   raios de Sol

II - ENTENDIMENTO DO TEXTO

1 - **Releia a lição para responder as perguntas que devem ser copiadas no caderno.**

Qual a personagem principal da lição?

Como ela preparou seu ninho?

Quantos dias mamãe-avestruz ficou no choco?

Como o avestruz macho colaborava?

De que forma a ave protege os ovos dos raios do Sol?

2 - **Leia o texto e responda:**

Um ovo de avestruz daria para alimentar quantas pessoas, na proporção de um ovo de galinha para cada uma?

De que se alimentam os avestruzes?

3 - **Dê sua opinião:**

Que é mais importante:

- A postura dos ovos?
- O nascimento dos filhotes?
- Por quê?

III - TREINO ORTOGRÁFICO

1 - Copie e sublinhe as palavras que fazem parte do texto:

capaz	vez	raiz	veloz	avestruz
capazes	fez	raízes	velozes	avestruzes

2 - Copie as palavras da lição, acentuando-as convenientemente:

areiao	vao	pos	voce
incubaçao	mamae	bebes	arvores

3 - Copie, completando com:

qua **que** **qui**

☐ lo	a ☐ cia	☐ renta
cas ☐ nha	☐ tro	en ☐ nto
pe ☐ nos	peri ☐ to	☐ ndo

IV - ATIVIDADES GRAMATICAIS

1 - Copie as orações substituindo a ☆ pelos tempos certos do verbo nascer .

Hoje ☆ um filhote de avestruz.
Amanhã ☆ dois filhotes de avestruz.
Em que mês você ☆ ?
Eu ☆ no mês de ☆ .

2 - Copie e complete com vigiará — vigiarei — vigia — vigiaremos

Quando os filhotes nascerem, eu os ☆ .
Quando o filhote nascer, nós o ☆ .
Hoje a mãe-avestruz ☆ seus filhotes.
Amanhã o avestruz-pai ☆ o ninho.

3 - Copie e complete as orações com antônimos das palavras em negrito:

Você virá **antes** ou ☆ do almoço ?
Vocês vão **bem** ou ☆ ?
Estamos **mais** ou ☆ de saúde.
Quando um **sai** o outro ☆ .
Ele não é **bom** e nem ☆ .

4 - Copie substituindo a ☆ pelos verbos no Tempo passado **ou** pretérito:

O pássaro voou.	(voar)
Maria ☆ o café.	(coar)
Ele ☆ de mim.	(caçoar)
Você não me ☆ .	(perdoar)
O homem ☆ de doces.	(enjoar)

5 - Leia a conversa das mães-avestruzes:

As palavras meu, teu, seu e outras indicam **posse.**

São **pronomes possessivos.**

Veja os pronomes possessivos, correspondentes aos pronomes pessoais do caso reto.

PRONOMES PESSOAIS	PRONOMES POSSESSIVOS
Eu	meu, minha, meus, minhas
Tu	teu, tua, teus, tuas
Ele, ela	seu, sua, seus, suas
Nós	nosso, nossa, nossos, nossas
Vós	vosso, vossa, vossos, vossas
Eles, elas	seu, sua, seus, suas

6 - **Copie e complete as orações com um dos pronomes possessivos relacionados:**

meu — minha — meus — minhas

a) Minhas tias são irmãs de ☆ pai.
b) ☆ filhos ainda são pequenos.

Agora copie e complete as orações com:

seu — sua — seus — suas

a) ☆ cães latiram a noite toda.

b) Vá cantar no festival. É a ☆ vez.

Copie e continue substituindo a ☆ por:

nosso — nossa — nossos — nossas

a) Hoje recebemos ☆ salários.

b) ☆ casa fica na rua Treze de Maio.

7 - **Leia e observe:**

As palavras **este — esse — aquele** indicam que a pessoa, animal ou coisa estão **perto** ou **longe** de nós.

Este está **perto** da pessoa que fala.

Esse está **longe** da pessoa que fala, mas **perto** da pessoa com quem se fala.

Aquele está **longe** das pessoas que falam.

São **pronomes demonstrativos**

8 - **Conheça os pronomes demonstrativos.**

PRONOMES DEMONSTRATIVOS			
este	esta	estes	estas
esse	essa	esses	essas
aquele	aquela	aqueles	aquelas
isto	isso	aquilo	

Copie e grife os pronomes demonstrativos

Esta menina é sossegada, aquela é sapeca.

Este carro está a venda.

Que é aquilo em cima do muro?

Isso não me interessa.

9 - **Veja agora:**

A palavra alguém **não diz com clareza quem mexeu nas chuteiras.** Não sabemos quem foi. É um pronome indefinido.

> O **pronome indefinido** substitui o nome de forma vaga, indefinida.

PRONOMES INDEFINIDOS		
algum	pouco	alguém
nenhum	muito	ninguém
todo	certo	tudo
outro	qualquer	nada
	vários	

10 - **Copie e assinale os pronomes indefinidos nas orações:**

Outra noite vi o Daniel no cinema.

Há vários dias quero falar com você.

Qualquer domingo vou visitá-lo.

Certa vez escorreguei e levei um tombo.

Alguns animais constroem os ninhos na areia.

11 - **Copie e escreva as pessoas do verbo antes das orações:**

Ele recobriu os ovos com areia.

☆ recobri os ovos com areia.

☆ recobriu os ovos com areia.

☆ recobrimos os ☆ .

☆ recobristes os ☆ .

☆ recobriste os ☆ .

V - REDAÇÃO

1 - **Você acha que alguns animais têm amor aos filhos?** Fale sobre o assunto.

2 - **Que pode ter respondido o filhote do avestruz?**
Desenhe e complete o diálogo no balãozinho:

V - RECREAÇÃO

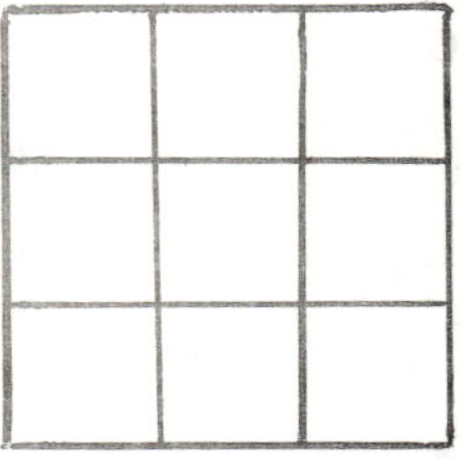

Disponha os números 1 — 2 — 3 — 4 — 5 — 6 — 7 — 8 — 9 dentro do quadrado, de maneira que, em qualquer direção, o total seja sempre 15.

A IGUALDADE

Há muitos anos, um rei quis fazer a felicidade de seu povo.

Estabeleceu, então, no país um regime de igualdade.

Dividiu entre os vassalos as terras e as riquezas do reino, em partes iguais.

Em seguida, tranqüilamente foi correr mundo.

Ao fim de alguns anos, curioso de verificar o progresso dos súditos, regressou à terra natal.

Qual porém não foi a surpresa!

Havia ricos e pobres, contentes e descontentes, poderosos e miseráveis.

Uns haviam morrido, deixando os bens aos herdeiros que os esbanjaram. Alguns venderam tudo que possuiam. Muitos perderam as riquezas. Outros multiplicaram seus haveres.

Tudo estava como antes porque, entre os homens há:
os econômicos e os previdentes;
os incautos e os perdulários;
os tolos e os espertalhões;
os trabalhadores e os indolentes.

O ex-soberano se convenceu de que nunca haverá igualdade na Terra.

I - ESTUDO DO VOCABULÁRIO

1 - **Copie as orações substituindo as palavras grifadas pelos sinônimos.**

a) Um **soberano** dividiu entre os **vassalos** as riquezas do **reino.**
b) Muitos deixaram seus **bens** aos **herdeiros** que os **esbanjaram.**
d) Os **econômicos** e os **previdentes** aumentaram seus **haveres.**
d) Os **incautos,** os **perdulários** e os **indolentes** perderam as riquezas.

2 - **Copie completando as expressões.** Veja o modelo:

Os herdeiros esbanjaram seus bens.

Os trabalhadores ☆

Os econômicos ☆

Os perdulatários ☆

3 - **Forme orações com as expressões:**

foi correr mundo	terra natal

II - ENTENDIMENTO DO TEXTO

1 - **Responda em seu caderno:**

- Que regime um Rei adotou para acabar com a desigualdade entre seus vassalos ?
- Após as medidas tomadas, que fez ?
- Como encontrou o reino ao voltar ?
- Que espécies de homens há na terra ?
- De que se convenceu o soberano ?

2 - Qual o fato principal desta história ?

3 - Você acha que poderá haver igualdade no mundo ?

4 - **Copie os fatos pela ordem em que aparecem no texto:**

Tudo estava como antes.
Estabeleceu em seu país um regime de igualdade.
Foi correr mundo e voltou ao fim de muitos anos.
Havia ricos e pobres, contentes e descontentes.
O soberano se convenceu de que nunca haverá igualdade na Terra.
Um rei quis fazer a felicidade de seu povo.

III - TREINO ORTOGRÁFICO

1 - Copie da lição palavras com os dígrafos:

rr ss qu gu

2 - Observe a palavra:

ex-soberano (já foi soberano)

A partícula **ex** indica fato passado, profissão ou cargo que a pessoa já exerceu.

Copie e explique no caderno as expressões:

ex-presidente
ex-governador
ex-professor
ex-gerente
ex-diretor
ex-aluno
ex-funcionário
ex-namorado

IV - ATIVIDADES GRAMATICAIS

1 - Copie as duas colunas de palavras e ligue as que são antônimas.

os trabalhadores	os espertalhões
os econômicos	os indolentes
os tolos	os perdulários
os incautos	os previdentes

2 - A lição de hoje fala de um monarca, isto é, de um rei.

Quando falamos a um rei, usamos pronomes especiais:

Sua Majestade
Vossa Majestade

Conforme a pessoa com quem falamos, usamos pronomes diferentes.

São chamados **pronomes de tratamento.**

3 - **Conheça os pronomes de tratamento e as abreviaturas:**

PRONOMES DE TRATAMENTO	ABREVIATURAS	USAMOS PARA
Vossa Majestade Vossas Majestades	V. M. VV. MM.	Reis e Imperadores
Vossa Alteza Vossas Altezas	V. A. VV. AA.	Príncipes
Vossa Santidade	V. S.	Papa
Vossa Eminência Vossas Eminências	V. Ema. V. Emas.	Cardeais
Reverendíssimo	Revmo.	Sacerdotes
Vossa Excelência Vossas Excelências Excelentíssimo Excelentíssimos	V. Exa. V. Exas. Exmo. Exmos.	Altas Autoridades
Vossa Senhoria Vossas Senhorias Ilustríssimo Ilustríssimos	V. Sa. V. Sas. Ilmo. Ilmos.	Autoridades menores Pessoas de respeito
Meritíssimo	MM. ou Mmo.	Juiz
Senhor Senhores Senhora Senhoras Senhorita Senhoritas	Sr. Srs. Sra. Sras. Srta. Srtas.	Tratamento para as pessoas em geral
Você	v.	Pessoas amigas e íntimas

4 - **Veja como se dirigir a um Rei e a uma rainha:**

— Vim até **Vossa Majestade** para fazer um pedido.

Agora você. Siga o modelo e copie completando a oração, dirigindo-se a:

um príncipe	uma alta autoridade
uma senhora	um amigo

Continue:

— Vim até ☆ para fazer um pedido.

5 - **Copie e complete o sentido das orações escrevendo:**

O predicado	O sujeito
Um rei ☆ .	☆ viu um filme bonito.
Os vassalos ☆ .	☆ comi pipocas.
Você ☆ .	☆ recebemos um telegrama.

6 - **Copie retirando o** a **final das palavras e acrescente** eira **:**

jabuticaba	+	eira	=	jabuticabeira
laranja	+		=	☆
goiaba	+		=	☆
pedra	+		=	☆
cozinha	+		=	☆
costura	+		=	☆

7 - **De acordo com o Tempo do Verbo entre parênteses, complete com:**

am ou ão

Olhe o modelo:

Pretérito	—	Os reis chegar**am** hoje.	(chegar)
Futuro	—	Os reis chegar**ão** amanhã.	(")
Pretérito	—	As crianças ☆ .	(brincar)
Futuro	—	As crianças ☆ .	(")
Pretérito	—	Todos ☆ .	(perder)
Futuro	—	Todos ☆ .	(")

V - REDAÇÃO

Conte em seu caderno:

Você mora numa cidade ou na zona rural?
Gosta do lugar onde mora? Por quê?
Que deveria ser melhorado?
Em que trabalham os seus habitantes?
Como se divertem os rapazes, as moças?
Há algum tipo de poluição? Qual?
Se não há, conte por que motivo.

RETIRANTES

As primeiras claridades da manhã encontraram Julião de pé.

Chamou a mulher:

— Maria ! A barra do dia já vem.

A mulher deixou a esteira onde dormia com o filho.

Ajuntou numa trouxa as poucas roupas e enfiou num saco a panela e a chaleira. Amarrou um lenço na cabeça e disse:

— Vamos embora. Estou pronta.

Carregando no ombro um machado e uma enxada, o sertanejo vai na frente.

Atrás, a mulher levando o filho.

O rancho ficou lá, abandonado.

É assim todos os anos. Mas, desta vez, entrou maio e outro maio chegou.

Um Sol abrasador racha a terra, seca os rios, os açudes e esturrica as plantas.

É a seca no Nordeste, trazendo o flagelo para os homens, as plantas e os animais.

As árvores, quais fantasmas negros, erguem os braços ressequidos, apontando para o espaço. Campos, matas, se transformam em vastos desertos.

Nenhum sinal de chuva. Sempre o mesmo céu azul intenso, ferindo o olhar, sem uma nuvem branca.

Não se ouve mais o canto dos pássaros, nem o chiado das cigarras nas moitas.

Os retirantes vão pisando o chão abrasado pelos raios do Sol.

Pelo caminho, a solidão da caatinga e os urubus voando ao cheiro da carniça de animais mortos.

Julião e Maria avançam, sem rumo, pés machucados, doloridos, peito roído pela saudade do rancho, da terra natal, que estão deixando para trás.

Mas, no coração da família fugitiva, há uma esperança:

— "Um dia, nós havemos de voltar. . ."

I - ESTUDO DO VOCABULÁRIO

1 - Copie substituindo as palavras grifadas pelos sinônimos:

A seca é um **flagelo** que acontece no nordeste brasileiro.
O Sol **esturrica** a terra e deixa **ressequidos** os galhos das árvores.
Os rios e **açudes** desaparecem.
Os urubus volteiam no ar à procura de **carniça.**
Fugindo da seca, o **sertanejo** vara a **caatinga.**

2 - Procure no glossário o significado de:

barra do dia	os retirantes

Escreva orações com essas expressões.

II - ENTENDIMENTO DO TEXTO

1 - Responda em seu caderno:

- De que região brasileira são as personagens da lição?
- Por que a mulher levou, na retirada, apenas umas poucas roupas, a panela e a chaleira?
- Quais os pertences de mais importância carregados por Julião?
- Há quanto tempo está durando a seca?
- Você acha a seca um flagelo? Por quê?
- Além dos pés, qual a dor mais doída de Julião e de Maria?
- Há uma esperança? Qual?

2 - Copie os dois parágrafos que demonstram a pobreza de Julião e de Maria.

III - TREINO ORTOGRÁFICO

1 - **Copie as palavras separando e tornando a juntar as sílabas.** Veja o modelo:

sandália	san - dá - lia	sandália

família
dália
mobília
Zélia
sapólio
cílio
Júlio
Hélio

2 - **Aprenda a separar as sílabas de palavras com vogais iguais.** Veja os modelos e copie no caderno.

caatinga - ca - a - tin - ga
álcool - ál - co - ol

Zoológico
cooperar
coordenar
perdôo
caçôo
ensabôo
compreender
surpreender
repreender

IV - ATIVIDADES GRAMATICAIS

1 - **Aprenda a transformar verbos em substantivos.** Tire o **r** e junte **ção**. Veja o modelo:

plantar — plantação

arrumar
ligar
preparar
iluminar
proibir
imaginar
contribuir
habitar
localizar
amarrar
fundar
falar
armar
fiscalizar
iluminar

2 - **Leia:**

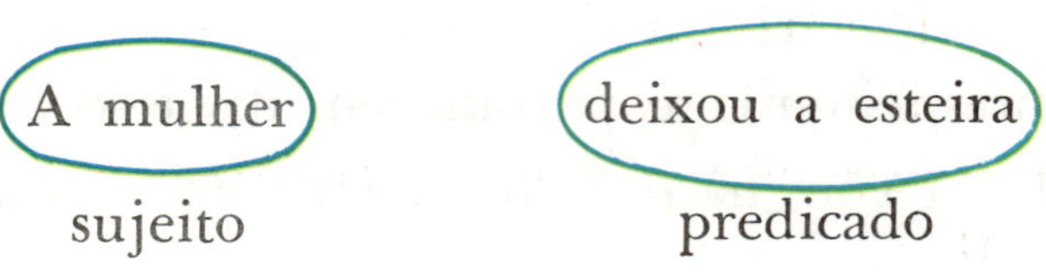

A palavra principal do sujeito é **mulher.**

A palavra principal do predicado é **deixou.**

Assinale só a palavra principal do **predicado.**

O sertanejo chamou a mulher.

Pedro carregou o machado e a enxada.

A mulher levou o filho.

3 - Você já sabe que as pessoas do verbo são:

No singular: →	eu	— tu	— ele	(ela)
No plural: →	nós	— vós	— eles	(elas)

Sabe ainda que os tempos do verbo são:

presente — passado ou pretérito — futuro

Veja:

O Sol **abrasa** a terra. → (Tempo presente)
O Sol **abrasou** a terra. → (Tempo passado)
O Sol **abrasará** a terra. → (Tempo futuro)

4 - Leia:

Ele **chorava** porque **perdeu** o dinheiro que **guardara** no bolso.

Chorava —	Está no tempo passado, mas o fato não terminou, o choro continua. O verbo está no tempo **Pretérito imperfeito.**
Perdeu —	é um fato que já aconteceu, está terminado. O verbo está no tempo **Pretérito perfeito.**
Guardara —	É um fato acontecido antes de perder o dinheiro. O verbo está no tempo **Pretérito mais-que-perfeito.**

Você viu que, o tempo pretérito (passado) **divide-se em:**

Pretérito imperfeito O fato passado não terminou.
Pretérito perfeito O fato está terminado.
Pretérito mais-que-perfeito O fato se passou antes de outro fato já passado.

5 - Agora observe as orações:

Eu **chegarei** cedo.
Eu **chegaria** cedo **se pudesse.**

Chegarei	indica ação que irá se realizar, a partir do momento **presente.** Chama-se **Futuro do presente.**
Chegaria	indica ação **futura** a partir de um fato passado, dependendo de uma condição, de um fato duvidoso. Chama-se **Futuro do pretérito.**

6 - Além de indicar a pessoa e o tempo, o verbo diz como aconteceu o fato, o modo **como aconteceu.**

Os modos do verbo são três:

Modo Indicativo
O fato é certo, a ação é determinada: Eu pesquei um lambari.
Modo Subjuntivo
O fato não aconteceu, mas poderia ter acontecido. Se ele escorregasse, cairia.
Modo Imperativo
O verbo indica uma ordem ou pedido: Volte logo. Corra, Maria !

Copie as orações e escreva em que modo estão os verbos:

Que azar, se chovesse hoje! Modo ☆ .
Jonas, estude a lição. Modo ☆ .
Eu guardei o dinheiro na carteira. Modo ☆ .
Que bom, se ela morasse perto de mim. Modo ☆ .
Fabiano vendeu a bicicleta. Modo ☆ .
Pare com essa manha ! Modo ☆ .

7 - Leia:

Vender o carro é a solução.
Vendendo o carro, teremos dinheiro.
Vendido o carro, viajaremos de ônibus.

Vender — vendendo e **vendido** enunciam fatos de maneira vaga, impessoal sem discriminar modo, tempo, número ou pessoa.

Vender	se encontra no **infinitivo.**
Vendendo	se encontra no **gerúndio.**
Vendido	se encontra no **particípio.**

8 - **Leia:**

Arre ! Que mentiroso !
Psiu ! **Silêncio** ! Largue de berrar !
Atenção ! A bola começa a rolar.
Oba ! Gool !
Puxa ! Que confusão !

Vocês viram: há palavras que exprimem sentimentos de dor, alegria, admiração etc. As interjeições classificam-se em:

Admiração — Puxa ! Que !
Alegria — Ah ! oh ! eh ! oba !
Animação — Eia ! Coragem !
Aplauso — Apoiado ! Muito bem !
Apelo — Ó, olá, alô, socorro !
Aversão — Ih ! chi ! irra !
Desejo — Oxalá ! Tomara !
Dor — Ai ! ui !
Silêncio — Psiu !
Susto — Nossa

Copie e complete as orações com uma interjeição:

☆ Não aborreça !
☆ Que dor !
☆ — Quem fala ?
☆ Vai dar certo !
☆ Perdemos o trem !
☆ Fogo ! Fogo !

9 - **Eu escrevo o sujeito da oração e você escreve o predicado.** Copie em seu caderno.

Pedro e Maria ☆ .
A mulher ☆ .
O Sol ☆ .
Os urubus ☆ .

V - REDAÇÃO

Responda em seu caderno:

a) Se fosse escolher, você preferiria morar num lugar onde, periodicamente, há seca ou enchente ?

Você já viu uma ?

Conte:

- onde foi;
- que aconteceu;
- se houve prejuízo;
- se houve vítimas;
- que providências foram tomadas.
- a situação se normalizou ?

b) Faça de conta que você é Prefeito ou Governador. Que faria para resolver essa situação ?

QUEM É SEU MELHOR AMIGO?

Algum dia você já tentou descobrir quem é seu melhor amigo?

Já sei. Está pensando em alguém da "turma" e imaginando:

— Deve ser aquela garota que sempre me convida para seus passeios, para suas festinhas...

O Afrânio toda tarde me chama para as "peladas"...

O Zezinho me procura para trocar selos, figurinhas...

A Marisa gosta de um "bate-papo" comigo...

Às vezes chegamos à conclusão de que não temos amigos...

Mas, ele está ali à nossa frente, o tempo todo, com aquele seu jeito de gostar.

É aquele "cara legal" que, calado, acompanha nosso crescimento desde pequeninos.

Sacrifica-se para que nada nos falte.

Alegra-se com nossa alegria, e sofre com nossa tristeza.

Gosta da gente, apesar dos defeitos que temos.

Às vezes parece que não, porque nos repreende.

Sente-se feliz, se lhe pedimos sua opinião.

Fica triste e apreensivo se, ao contrário, o julgamos "quadrado" ou "por fora" das coisas.

Hoje é o **"Dia do Papai".**

Vamos surpreendê-lo pela manhã, com o nosso beijo, com o nosso carinho.

Façamos com que ele sinta como é querido, que é o nosso melhor amigo.

I - ESTUDO DO VOCABULÁRIO

1 - **Copie as orações, substituindo as palavras grifadas pelos sinônimos:**

Apesar de ser pequenina, Adriana chegou à **conclusão** de que seu **melhor** amigo é o papai.
Ele se **sacrifica** para o **bem-estar** da família. Às vezes **repreende** a filha.
Hoje o papai está **apreensivo** porque Adriana ficou doente.

2 - **Copie em seu caderno as expressões, ligando as que têm o mesmo sentido.**

está imaginando	conversa amiga
fica triste	vamos apanhá-lo de surpresa
"bate-papo"	está pensando
sua opinião	fica aborrecido
vamos surpreendê-lo	seu parecer

3 - **Forme orações com as expressões:**

"cara legal" pela manhã "está por fora"

II - ENTENDIMENTO DO TEXTO

1 - **Copie e responda em seu caderno:**

- Que personagens aparecem no texto?
- A que "cara legal" se refere a lição?
- Para que se sacrifica o papai?
- Com que se alegra ele?
- Que o deixa pensativo e triste?
- Em que mês se comemora o "Dia do Papai"?
- Para você, quais as melhores qualidades de um pai?
- Que nome se dá ao amor do pai pelos filhos?

2 - **Explique com suas palavras as expressões do texto:**

alegra-se com nossa alegria sofre com nossa tristeza

III - TREINO ORTOGRÁFICO

1 - **Copie as palavras completando-as com j .**

☐ eca	pa ☐ é	su ☐ eito	can ☐ ica
☐ eito	pa ☐ em	re ☐ eita	☐ ilo
☐ eitoso	tra ☐ eto	a ☐ eita	☐ irau
ho ☐ e	pro ☐ eto	sar ☐ eta	☐ ibóia

2 - **Copie as palavras completando-as com g :**

fin ☐ e	via ☐ em	colé ☐ io	fu ☐ itivo
☐ ente	gara ☐ em	estran ☐ eiro	a ☐ itação
☐ emido	cora ☐ em	inteli ☐ ente	ima ☐ inar

IV - ATIVIDADES GRAMATICAIS

1 - **Repare. Há palavras que ligam outras.** Copie no caderno:

Casa	**de**	madeira	Dinheiro	**em**	caixa.
Pão	**com**	manteiga	Boca	**sem**	dentes.
Pé	**ante**	pé	Lição	**para**	casa.

As palavras que estão servindo de ligação nas expressões são: de, com, ante...

A palavra que serve de ligação entre duas palavras chama-se **preposição.**

2 - **Copie no caderno e assinale as preposições:**

Café	com	leite
Fogão	a	gás
Noite	após	noite
Dias	sem	sol

Cara	de	pau.
Casa	sobre	rodas.
Preço	por	pessoa.
Ferro	em	brasa.

Copie e complete no caderno:

As palavras que estão servindo de ligação entre as palavras são: ☆ .

3 - **Copie as orações e substitua a ☆ por antônimos das palavras grifadas:**

Ele não joga **melhor** e nem ☆ do que eu.
Bem ou ☆ acabamos a tarefa.
Este ano a colheita foi **má**, no próximo será ☆ .
Ele estava **mal** de saúde, agora está ☆ .
Paula era a **maior** e Neide a ☆ .
Parecia que **alguém** chegou, mas não era ☆ .

4 - Aprenda a conjugar verbos, para falar e escrever bem:

VERBOS REGULARES			
Modo Indicativo			
	1.ª conjugação FAL-AR	**2.ª conjugação** VIV-ER	**3.ª conjugação** PART-IR
Presente	eu fal-**o** tu fal-**as** ele fal-**a** nós fal-**amos** vós fal-**ais** eles fal-**am**	eu viv-**o** tu viv-**es** ele viv-**e** nós viv-**emos** vós viv-**eis** eles viv-**em**	eu part-**o** tu part-**es** ele part-**e** nós part-**imos** vós part-**is** eles part-**em**
Pretérito imperfeito	eu fal-**ava** tu fal-**avas** ele fal-**ava** nós fal-**ávamos** vós fal-**áveis** eles fal-**avam**	eu viv-**ia** tu viv-**ias** ele viv-**ia** nós viv-**íamos** vós viv-**íeis** eles viv-**iam**	eu part-**ia** tu part-**ias** ele part-**ia** nós part-**íamos** vós part-**íeis** eles part-**iam**
Pretérito perfeito	eu fal-**ei** tu fal-**aste** ele fal-**ou** nós fal-**amos** vós fal-**astes** eles fal-**aram**	eu viv-**i** tu viv-**este** ele viv-**eu** nós viv-**emos** vós viv-**estes** eles viv-**eram**	eu part-**i** tu part-**iste** ele part-**iu** nós part-**imos** vós part-**istes** eles part-**iram**
Pretérito mais-que-perfeito	eu fal-**ara** tu fal-**aras** ele fal-**ara** nós fal-**áramos** vós fal-**áreis** eles fal-**aram**	eu viv-**era** tu viv-**eras** ele viv-**era** nós viv-**êramos** vós viv-**êreis** eles viv-**eram**	eu part-**ira** tu part-**iras** ele part-**ira** nós part-**íramos** vós part-**íreis** eles part-**iram**
Futuro do presente	eu fal-**arei** tu fal-**arás** ele fal-**ará** nós fal-**aremos** vós fal-**areis** eles fal-**arão**	eu viv-**erei** tu viv-**erás** ele viv-**erá** nós viv-**eremos** vós viv-**ereis** eles viv-**erão**	eu part-**irei** tu part-**irás** ele part-**irá** nós part-**iremos** vós part-**ireis** eles part-**irão**
Futuro do pretérito	eu fal-**aria** tu fal-**arias** ele fal-**aria** nós fal-**aríamos** vós fal-**aríeis** eles fal-**ariam**	eu viv-**eria** tu viv-**erias** ele viv-**eria** nós viv-**eríamos** vós viv-**eríeis** eles viv-**eriam**	eu part-**iria** tu part-**irias** ele part-**iria** nós part-**iríamos** vós part-**iríeis** eles part-**iriam**

5 - Copie e complete substituindo a ☆ pelos verbos no Pretérito Imperfeito.

Vender

Eu **vendia** livros.
Tu ☆ livros.
Ele ☆ livros.
Nós ☆ livros.
Vós ☆ livros.
Eles ☆ livros.

Repetir

Eu **repetia** a cantiga.
Tu ☆ a cantiga.
Ela ☆ a cantiga.
Nós ☆ a cantiga.
Vós ☆ a cantiga.
Elas ☆ a cantiga.

6 - Copie e complete substituindo a ☆ pelos verbos no Pretérito mais-que-perfeito.

Receber

Eu já **recebera** o dinheiro.
Tu ☆ o dinheiro.
Ele ☆ o dinheiro.
Nós ☆ o dinheiro.
Vós ☆ o dinheiro.
Eles ☆ o dinheiro.

Repartir

Eu **repartira** o bolo.
Tu ☆ o bolo.
Você ☆ o bolo.
Nós ☆ o bolo.
Vós ☆ o bolo.
Vocês ☆ o bolo.

7 - Copie e passe para o plural as orações que estão no Futuro do Presente.

Eu **colherei** o abacaxi logo.
Nós **colheremos** os abacaxis logo.
Eu **comerei** os doces daqui a pouco.

Eu **falarei** com você à noite.
Eu **chegarei** amanhã.
Eu **partirei** de ônibus.

8 - Copie e complete no Futuro do Presente do Indicativo com os verbos indicados.

Cantar

Eu **cantarei** na festa.
João ☆ na festa.
Elas ☆ na festa.
Tu ☆ na festa.
Nós ☆ na festa.
Vós ☆ na festa.

Dormir

Nós **dormiremos** cedo.
Você ☆ cedo.
Eu ☆ cedo.
Vós ☆ cedo.
Eles ☆ cedo.
Tu ☆ cedo.

V - REDAÇÃO

Responda no caderno:

Como é seu pai?
Como gostaria que ele fosse?
Você conversa diariamente com ele?
Como acha que deve ser um bom filho (filha)?
Se não tem pai, conte se ele lhe faz falta e por que.

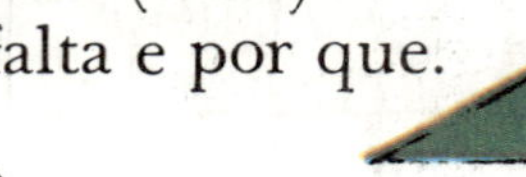

25

É NOSSO O "OURO NEGRO"

Os homens já estavam cansados daquele trabalho demorado.

Era um contínuo perfurar a terra, atravessar lençóis d'água, romper rochas, arrebentar arenitos e calcários a milhares de metros de profundidade.

Nem as brisas que balançavam os leques das palmeiras, atenuavam o Sol abrasador, no rosto requeimado daqueles que lutavam contra a Natureza.

Que procuravam os homens nas entranhas da terra?

Torres metálicas fixas sustentavam as possantes máquinas que rasgavam o solo.

Os dias se passavam...

As estações se sucediam...

Uma tarde, as bombas exalaram um cheiro diferente e forte.

As perfuratrizes tocaram finalmente as minas subterrâneas.

O gás empurrou o minério aspirado com o auxílio das bombas.

Um líquido viscoso, de cor escura, subiu aos ares num grande repuxo. Era o tão cobiçado "óleo de pedra".

Brados de alegria ecoaram no Recôncavo Baiano.

Do poço de Lobato jorrava, pela primeira vez, o petróleo brasileiro.

I - ESTUDO DO VOCABULÁRIO

1 - **Copie as orações substituindo as palavras grifadas por seus sinônimos:**

Os homens **perfuraram** as **entranhas** da terra com suas **perfuratrizes.**
Romperam rochas, atravessaram **lençóis d'água,** arrebentaram **arenitos** e **calcários.**
Finalmente alcançaram as minas **subterrâneas** e as bombas **exalaram** um cheiro diferente.
Um líquido **viscoso** subiu aos ares num grande **repuxo:** o "ouro negro".

2 - **Copie do glossário o significado de:**

"Recôncavo Baiano" | Lobato.

3 - **Em seu caderno complete as orações substituindo a ☆ por uma das palavras:**

repuxo | exalou | subterrânea
fixou | explodiram | auxiliou

Da panela ☆ um forte cheiro de queimado.
Com uma martelada ele ☆ o prego na tábua.
A água do ☆ subiu a grande altura.
Ele ☆ a criança a subir a escada.
Os foguetes ☆ no ar.

II - ENTENDIMENTO DO TEXTO

1 - **Responda no caderno:**

a) Qual o fato mais importante da lição?
b) Qual era o trabalho dos homens?
c) Que faziam as máquinas possantes?
d) Que as brisas não conseguiam atenuar?
e) A que profundidade é encontrado o petróleo?

2 - **Descubra no texto o que aconteceu a cada um e complete certo:**

Possantes máquinas	passavam.
Os dias	se sucediam...
Os homens	do poço de Lobato.
As estações	subiu aos ares.
Um líquido viscoso	rasgavam a terra.
O petróleo jorrou	já estavam cansados.

3 - **Copie a oração que fala das qualidades do petróleo.**

4 - **Que significa a palavra petróleo?**

5 - **Explique a expressão:** "Lutavam contra a Natureza"

III - TREINO ORTOGRÁFICO

Copie as palavras separando as sílabas. Veja os modelos:

sub-ter-râ-nea	subs-cri-ção	ob-ser-va-dor
submarino	substância	objeto
subsolo	substituto	observar
subdelegado	substantivo	observação

IV - ATIVIDADES GRAMATICAIS

1 - **Veja o modelo e escreva as palavras primitivas de:**

mineiro	— mina	trabalhador	— ☆	pedreira	— ☆
escuridão	— ☆	milhar	— ☆	metálica	— ☆
subterrâneo	— ☆	brasileiro	— ☆	rochedo	— ☆

2 - **Copie e mude os verbos do Infinitivo para o gerúndio.** Olhe o modelo:

viver	— vivendo	dormir	— ☆	passar	— ☆
partir	— ☆	beber	— ☆	latir	— ☆
andar	— ☆	lavar	— ☆	vender	— ☆

3 - **Leia e observe as orações:**

Com objeto direto	**Com objeto indireto**
Ritinha chupou balas.	Ritinha gosta **de** balas.
Renato fechou **a** porta.	Renato bateu **na** porta.
Ele pegou **um** lápis.	Ele brinca **com** o colega.

Na 1.ª coluna, as palavras **balas, porta** e **lápis** estão diretamente ligadas ao verbo ou pelos artigos o - a - os - as, um - uma - uns - umas .

O objeto é direto

Na 2.ª coluna, as palavras **balas**, **porta** e **colega** estão ligadas ao verbo pelas **preposições** de, na, com .

O objeto é indireto

4 - **Copie e assinale só os objetos indiretos:**

Mário gosta de futebol.	Ela foi até Rondônia.
Juca chupou cana.	Eu conto com vocês.
Vocês ganharam doces.	Vamos bater peteca?

5 - **Conheça outros** MODOS e TEMPOS **dos verbos regulares:**

VERBOS REGULARES			
Modo Subjuntivo			
	1.ª conjugação FAL-AR	**2.ª conjugação** VIV-ER	**3.ª conjugação** PART-IR
Presente	Que eu fal-**e** Que tu fal-**es** Que ele fal-**e** Que nós fal-**emos** Que vós fal-**eis** Que eles fal-**em**	Que eu viv-**a** Que tu viv-**as** Que ele viv-**a** Que nós viv-**amos** Que vós viv-**ais** Que eles viv-**am**	Que eu part-**a** Que tu part-**as** Que ele part-**a** Que nós part-**amos** Que vós part-**ais** Que eles part-**am**
Pretérito imperfeito	Se eu fal-**asse** Se tu fal-**asses** Se ele fal-**asse** Se nós fal-**ássemos** Se vós fal-**ásseis** Se eles fal-**assem**	Se eu viv-**esse** Se tu viv-**esses** Se ele viv-**esse** Se nós viv-**êssemos** Se vós viv-**êsseis** Se eles viv-**essem**	Se eu part-**isse** Se tu part-**isses** Se ele part-**isse** Se nós part-**íssemos** Se vós part-**ísseis** Se eles part-**issem**
Futuro	Quando eu fal-**ar** Quando tu fal-**ares** Quando ele fal-**ar** Quando nós fal-**armos** Quando vós fal-**ardes** Quando eles fal-**arem**	Quando eu viv-**er** Quando tu viv-**eres** Quando ele viv-**er** Quando nós viv-**ermos** Quando vós viv-**erdes** Quando eles viv-**erem**	Quando eu part-**ir** Quando tu part-**ires** Quando ele part-**ir** Quando nós part-**irmos** Quando vós part-**irdes** Quando eles part-**irem**
Modo Imperativo			
Imperativo afirmativo	fal-**a** tu fal-**e** ele fal-**emos** nós fal-**ai** vós fal-**em** eles	viv-**e** tu viv-**a** ele viv-**amos** nós viv-**ei** vós viv-**am** eles	part-**e** tu part-**a** ele part-**amos** nós part-**i** vós part-**am** eles
Imperativo negativo	não fal-**es** tu não fal-**e** ele não fal-**emos** nós não fal-**eis** vós não fal-**em** eles	não viv-**as** tu não viv-**a** ele não viv-**ais** vós não viv-**amos** nós não viv-**am** eles	não part-**as** tu não part-**a** ele não part-**amos** nós não part-**ais** vós não part-**am** eles
Formas Nominais			
Infintivo	fal-**ar**	viv-**er**	part-**ir**
Gerúndio	fal-**ando**	viv-**endo**	part-**indo**
Particípio	fal-**ado**	viv-**ido**	part-**ido**

6 - Copie e substitua a ☆ pelo verbo no tempo certo:

Quando eu **voltar**, conversaremos.
Quando tu ☆ conversaremos.
Quando ele ☆ conversaremos.
Quando nós ☆ conversaremos.
Quando vós ☆ conversaremos.
Quando eles ☆ conversaremos.

7 - Complete em seu caderno, usando o Presente do Subjuntivo.

Ele quer que eu fale.
Ele quer que tu ☆.
Ele quer que ele ☆.
Ele quer que nós ☆ .
Ele quer que vós ☆ .
Ele quer que eles ☆ .

8 - Copie substituindo a ☆ , usando o Pretérito Imperfeito do Subjuntivo.

Se eu pudesse compraria um carro.
Se tu ☆ comprarias ☆ .
Se ele ☆ compraria ☆ .
Se nós ☆ compraríamos ☆ .
Se vós ☆ compraríeis ☆ .
Se eles ☆ comprariam ☆ .

9 - Veja o modelo e escreva o infinitivo, o gerúndio e o particípio dos verbos:

achei	— achar	— achando	— achado
dorme	— ☆	— ☆	— ☆
perderam	— ☆	— ☆	— ☆
levamos	— ☆	— ☆	— ☆

V - REDAÇÃO

Escreva no seu caderno

No Natal você recebeu um presente.

Conte:

- quem o (a) presenteou;
- que ganhou;
- como é (material de que é feito, tamanho, cor, etc.);
- se você ficou satisfeito (a) ou preferiria coisa diferente;
- que vai fazer com o presente;
- se agradeceu a quem o (a) presenteou.

A MORTE DE PAPAI NOEL

Nísia Nóbrega Leal

Quando papai me disse que era ele
Quem trazia os presentes de Natal
Que não havia velhos com sacolas,
Entrando pelas casas,
Na noite de Jesus,
Recebi, tristemente os meus brinquedos;
Dentro de mim, chorava sem consolo,
A morte do meu bom Papai Noel.
O meu irmão brincava e eu não podia.
Foi meu primeiro pranto doloroso,
Foi meu primeiro pranto disfarçado,
Que ninguém percebeu...
Quando a noite chegou e a casa em festa,
Para a grande consoada reunia
Os parentes e amigos, fui sozinha
Ao meu quarto e, temendo que alguém viesse,
E mangasse de mim,
Fechei a porta.
E pus nos meus sapatos, meus presentes.
Saí, pé ante pé .. voltei à sala.
"Cante, Nisinha! Diga uma poesia!"
Ninguém suspeitou, nem Mãe Maria,
Que dentro de meu peito eu já sonhava
Que dentro do meu sonho eu já sofria.

I - ESTUDO DO VOCABULÁRIO

1 - **Copie as orações substituindo as palavras grifadas pelos sinônimos:**

Era o dia 25 de dezembro, na hora da **consoada.**
A mãe **percebeu** que a filha estava **temendo** alguma coisa.
O pai de nada **suspeitou.**
Nisinha saiu do quarto depois do **pranto doloroso.**
A menina estava **sem consolo.**

2 - **Forme orações com as palavras:**

ninguém percebeu | meu sonho

3 - **Copie as orações substituindo as palavras grifadas pelo sinônimo certo:**

Papai **disse** que não há Papai Noel.

respondeu | falou | ensinou

Foi meu primeiro **pranto disfarçado.**

choro sentido | choro escondido

II - ENTENDIMENTO DO TEXTO

1 - **Copie as perguntas em seu caderno e dê as respostas:**

- Qual o nome da poesia?
- Quem a escreveu?
- Os fatos são contados por quem?
- Qual era o apelido da menina?
- A que pessoas ela se refere?
- Na sua opinião, o Papai Noel morreu?
- Por que Nisinha recebeu tristemente os brinquedos?
- Quem assistiu à festa?
- Que desilusão a autora sofreu quando criança?

2 - **Com suas palavras explique as expressões:**

... dentro de meu peito eu já sonhava.
... dentro do meu sonho eu já sofria.

3 - **Copie os títulos em seu caderno e grife com lápis vermelho o que você acha melhor para a poesia:**

A descoberta da verdade
Desilusão de criança
Um sonho infantil
Mentira desfeita

4 - **Copie as expressões afirmativas e assinale a verdadeira, de acordo com sua opinião:**

O papai queria ensinar à menina:

as coisas tristes
as coisas certas
as coisas erradas
as coisas inventadas

III - TREINO ORTOGRÁFICO

1 - **Leia, copie e divida em sílabas as palavras com consoantes sonantes, desacompanhadas de vogal.** Veja os modelos:

ignorância — ig-no-rân-cia	capturar — cap-tu-rar

decepção — de-cep-ção

significado
significação
insignificante
ignorante
indignado

cápsula
réptil
adaptar
eucalipto
pneumonia

advogado
admirado
administrar
administrador
adquirir

2 - **Leia, copie e forme orações com palavras que levam dois acentos:**

órfã
órfão

bênção
órgão

ímã
Cristóvão

IV - ATIVIDADES GRAMATICAIS

1 - **Copie e substitua a ☆ completando com objeto direto:**

Papai comprou ☆ .
Eu recebi ☆ .
Você ganhou ☆ .

2 - **Copie e complete com objeto indireto:**

Fernando brincou ☆ .
Ele foi ☆ .
Ninguém compareceu ☆ .

Complete as orações empregando o pronome | eu | .

Traga a laranja para **eu** chupar.
Procure o livro para **eu** ler.
Faça a cama para ☆ .
Ligue o rádio para ☆ .
Ponha a mesa para ☆ .

3 - **Conheça os VERBOS AUXILIARES**

Modo Indicativo

TER	SER	HAVER	ESTAR
Presente			
Eu tenho Tu tens Ele tem Nós temos Vós tendes Eles têm	Eu sou Tu és Ele é Nós somos Vós sois Eles são	Eu hei Tu hás Ele há Nós havemos Vós haveis Eles hão	Eu estou Tu estás Ele está Nós estamos Vós estais Eles estão
Pretérito imperfeito			
Eu tinha Tu tinhas Ele tinha Nós tínhamos Vós tínheis Eles tinham	Eu era Tu eras Ele era Nós éramos Vós éreis Eles eram	Eu havia Tu havias Ele havia Nós havíamos Vós havíeis Eles haviam	Eu estava Tu estavas Ele estava Nós estávamos Vós estáveis Eles estavam
Pretérito perfeito			
Eu tive Tu tiveste Ele teve Nós tivemos Vós tivestes Eles tiveram	Eu fui Tu foste Ele foi Nós fomos Vós fostes Eles foram	Eu houve Tu houveste Ele houve Nós houvemos Vós houvestes Eles houveram	Eu estive Tu estiveste Ele esteve Nós estivemos Vós estivestes Eles estiveram
Pretérito mais-que-perfeito			
Eu tivera Tu tiveras Ele tivera Nós tivéramos Vós tivéreis Eles tiveram	Eu fora Tu foras Ele fora Nós fôramos Vós fôreis Eles foram	Eu houvera Tu houveras Ele houvera Nós houvéramos Vós houvéreis Eles houveram	Eu estivera Tu estiveras Ele estivera Nós estivéramos Vós estivéreis Eles estiveram
Futuro do presente			
Eu terei Tu terás Ele terá Nós teremos Vós tereis Eles terão	Eu serei Tu serás Ele será Nós seremos Vós sereis Eles serão	Eu haverei Tu haverás Ele haverá Nós haveremos Vós havereis Eles haverão	Eu estarei Tu estarás Ele estará Nós estaremos Vós estareis Eles estarão
Futuro do pretérito			
Eu teria Tu terias Ele teria Nós teríamos Vós teríeis Eles teriam	Eu seria Tu serias Ele seria Nós seríamos Vós seríeis Eles seriam	Eu haveria Tu haverias Ele haveria Nós haveríamos Vós haveríeis Eles haveriam	Eu estaria Tu estarias Ele estaria Nós estaríamos Vós estaríeis Eles estariam

Modo Subjuntivo				
	Presente			
	Que eu tenha Que tu tenhas Que ele tenha Que nós tenhamos Que vós tenhais Que eles tenham	Que eu seja Que tu sejas Que ele seja Que nós sejamos Que vós sejais Que eles sejam	Que eu haja Que tu hajas Que ele haja Que nós hajamos Que vós hajais Que eles hajam	Que eu esteja Que tu estejas Que ele esteja Que nós estejamos Que vós estejais Que eles estejam
	Pretérito imperfeito			
	Se eu tivesse Se tu tivesses Se ele tivesse Se nós tivéssemos Se vós tivésseis Se eles tivessem	Se eu fosse Se tu fosses Se ele fosse Se nós fôssemos Se vós fôsseis Se eles fossem	Se eu houvesse Se tu houvesses Se ele houvesse Se nós houvéssemos Se vós houvésseis Se eles houvessem	Se eu estivesse Se tu estivesses Se ele estivesse Se nós estivéssemos Se vós estivésseis Se eles estivessem
	Futuro			
	Quando eu tiver Quando tu tiveres Quando ele tiver Quando nós tivermos Quando vós tiverdes Quando eles tiverem	Quando eu for Quando tu fores Quando ele for Quando nós formos Quando vós fordes Quando eles forem	Quando eu houver Quando tu houveres Quando ele houver Quando nós houvermos Quando vós houverdes Quando eles houverem	Quando eu estiver Quando tu estiveres Quando ele estiver Quando nós estivermos Quando vós estiverdes Quando eles estiverem
Modo Imperativo	**Imperativo afirmativo**			
	tem tu tenha ele tenhamos nós tende vós tenham eles	sê tu seja ele sejamos nós sede vós sejam eles	há tu haja ele hajamos nós havei vós hajam eles	está tu esteja ele estejamos nós estai vós estejam eles
	Imperativo negativo			
	Não tenhas tu Não tenha ele Não tenhamos nós Não tenhais vós Não tenham eles	Não sejas tu Não seja ele Não sejamos nós Não sejais vós Não sejam vocês	Não hajas tu Não haja ele Não hajamos nós Não hajais vós Não hajam eles	Não estejas tu Não esteja ele Não estejamos nós Não estejais vós Não estejam eles
Formas Nominais	**Infinitivo**			
	ter	ser	haver	estar
	Gerúndio			
	tendo	sendo	havendo	estando
	Particípio			
	tido	sido	havido	estado

4 - **Copie e complete no caderno:**

Eu tive um carro.

Tu ☆
Ele ☆
Nós ☆
Vós ☆
Eles ☆

Eu estava escrevendo.

Tu ☆
Ele ☆
Nós ☆
Vós ☆
Eles ☆

Eu hei de saber tudo.

Tu ☆
Ele ☆
Nós ☆
Vós ☆
Eles ☆

Eu serei sua amiga.

Tu ☆
Ela ☆
Nós ☆
Vós ☆
Vocês ☆

5 - **Copie e complete no seu caderno:**

Ele **está** doente, mas **há** de melhorar.

Eu ☆ doente, mas ☆ de melhorar.
Nós ☆ doentes, mas ☆ de melhorar.
Tu ☆ doente, mas ☆ de melhorar.
Eles ☆ doentes, mas ☆ de melhorar.
Vós ☆ doentes, mas ☆ de melhorar.

6 - **Copie e complete com os verbos no tempo certo.**

Ele **seria** campeão se **houvesse** treinado mais.

Nós ☆ campeões se ☆ . treinado mais.
Tu ☆ campeão se ☆ . treinado mais.
Eles ☆ campeões se ☆ . treinado mais.
Eu ☆ campeão se ☆ . treinado mais.
Vós ☆ campeões se ☆ . treinado mais

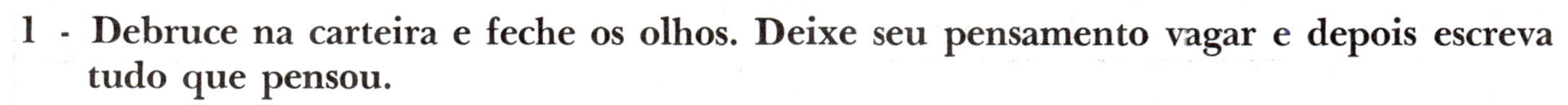

V - REDAÇÃO

1 - **Debruce na carteira e feche os olhos. Deixe seu pensamento vagar e depois escreva tudo que pensou.**

Leia e releia o que escreveu.

2 - **Escreva uma mensagem de Natal a uma pessoa que você quer bem.**

Não esqueça a data, o assunto, o fecho e a assinatura.

25 UMA AVENTURA ESPACIAL

Os homens sempre quiseram desvendar os mistérios do espaço. Há muito contemplavam o céu e diziam:

— Será que a Lua é habitada? Haverá vida no Satélite da Terra?

Cientistas de vários países pesquisaram e fizeram muitos experimentos com engenhos não tripulados e concluiram:

— Se um animal viajar no espaço e regressar vivo à Terra, o homem poderá fazer o mesmo. Foram então lançados bio-satélites ao Cosmo, levando cães, ratos, aranhas, ovos e plantinhas.

Uma das últimas experiências teve por cobaia um macaquinho chamado Hans. Passou por treinos dificílimos dentro de um foguete espacial de ensaio.

Durante alguns dias, o símio, confortavelmente deitado, percorreu as galáxias.

Da terra, no Centro Espacial, os cientistas acompanhavam o percurso do foguete e podiam até contar as batidas do coração do macaco com instrumentos automáticos.

Hans voltou são e salvo, exatamente ao ponto de partida.

A viagem trouxe aos homens esperança e coragem.

Construíram naves espaciais.

Um russo foi o primeiro a descrever vôltas em torno da Terra.

Três norte-americanos, tripulando a Apolo 11, chegaram à Lua no dia 21 de julho de 1969: Aldrin, Collins e Armstrong.

Lá deixaram esta inscrição memorável, junto à bandeira americana:

> "Aqui os homens do planeta Terra colocaram pela primeira vez o pé na Lua.
>
> julho — 1969. Viemos em paz em nome de toda a Humanidade.

I - ESTUDO DO VOCABULÁRIO

1 - Copie as orações substituindo as palavras grifadas, por seus sinônimos.

Os homens há muito **contemplavam** o céu.
Os **cientistas** queriam **desvendar** o **mistério** do **Cosmo.**
Fizeram vários **engenhos**, construíram **naves espaciais**, para um percurso até o **satélite da Terra.**
Foram **ensaios memoráveis**, que terminaram com o pouso na Lua, em Julho de 1969.

2 - Forme orações com as palavras:

desvendar
contemplar
percurso
habitar
concluíram
galáxias

II - ENTENDIMENTO DO TEXTO

1 - Releia a lição. Copie as perguntas em seu caderno:

- Que personagens fazem parte do texto?
- Como foram as primeiras experiências para ir ao Satélite da Terra?
- Que concluíram os cientistas, após os experimentos?
- Que outros seres foram lançados ao espaço?
- Quem era Hans? Como ele ajudou os cientistas?
- Quem encorajou os homens na organização das expedições espaciais?
- Que espaçonave conduziu os americanos à Lua?

2 - Cite o nome dos tripulantes da Apolo 11.

3 - Copie e assinale a principal qualidade dos viajantes do espaço:

inteligência	vaidade	coragem

4 - Analise a seqüência de gravuras do texto e explique em seu caderno:

A 1.ª ilustração representa ☆ .
A 2.ª ilustração conta ☆ .
A 3.ª ilustração fala ☆ .

5 - Copie a inscrição memorável que os astronautas afixaram no solo lunar.

6 - Que país fez a primeira experiência em nave espacial?

III - TREINO ORTOGRÁFICO

1 - **Vamos recordar.** Escreva em seu caderno palavras em que o X tem o mesmo som destes vocábulos do texto:

exatamente
experimentou
galáxias
deixaram
trouxe

2 - **Copie completando as palavras com:** ins | cons | trans

☐ tante
☐ trumento
☐ pirar
☐ petor

☐ trução
☐ tante
☐ pirar
☐ tipação

☐ porte
☐ parente
☐ mitir
☐ formar

IV - ATIVIDADES GRAMATICAIS

1 - **Leia:**

Hans	viajou em um foguete.
sujeito	predicado

Ele	viajou em um foguete.
sujeito	predicado

Hans é um substantivo. **Ele** é um pronome.

O sujeito pode ser um **substantivo** ou um **pronome.**

2 - **Grife o sujeito das orações:**

Roberto encontrou seus amigos.
Eles jogaram bola a tarde toda.

Ninguém ficou machucado.
A bola era do Zecão.

3 - **Em seu caderno, escreva um advérbio para cada expressão:**

pousar com suavidade — pousar suavemente
falar com mistério — falar misteriosamente
correr bem depressa — correr ☆ .
andar com lentidão — andar ☆ .
cantar com doçura — cantar ☆ .
cuidar com carinho — cuidar ☆ .
mandar com energia — mandar ☆ .
decidir com firmeza — decidir ☆ .

4 - **Aprenda a conjugar o verbo PÔR**

MODO INDICATIVO		
Presente	**Pretérito imperfeito**	**Pretérito perfeito**
Eu ponho Tu pões Ele põe Nós pomos Vós pondes Eles põem	Eu punha Tu punhas Ele punha Nós púnhamos Vós púnheis Eles punham	Eu pus Tu puseste Ele pôs Nós pusemos Vós pusestes Eles puseram
Pretérito mais-que-perfeito	**Futuro do presente**	**Futuro do pretérito**
Eu pusera Tu puseras Ele pusera Nós puséramos Vós puséreis Eles puseram	Eu porei Tu porás Ele porá Nós poremos Vós poreis Eles porão	Eu poria Tu porias Ele poria Nós poríamos Vós poríeis Eles poriam
MODO SUBJUNTIVO		
Presente	**Pretérito imperfeito**	**Futuro**
Que eu ponha Que tu ponhas Que ele ponha Que nós ponhamos Que vós ponhais Que eles ponham	Se eu pusesse Se tu pusesses Se ele pusesse Se nós puséssemos Se vós pusésseis Se eles pusessem	Quando eu puser Quando tu puseres Quando ele puser Quando nós pusermos Quando vós puserdes Quando eles puserem
IMPERATIVO		FORMAS NOMINAIS
Imperativo afirmativo	**Imperativo negativo**	**Infinitivo** por
Põe tu Ponha ele Ponhamos nós Ponde vós Ponham eles	Não ponhas tu Não ponha ele Não ponhamos nós Não ponhais vós Não ponham eles	**Gerúndio** pondo **Particípio** posto

5 - Copie e complete as orações com o verbo pôr:

Eu **pus** o bolo no forno.

Tu ☆ .
Ele ☆ .
Nós ☆ .
Vós ☆ .
Eles ☆ .

Eu **porei** os sapatos novos.

Tu ☆ .
Você ☆ .
Nós ☆ .
Vós ☆ .
Vocês ☆ .

Se eu **pusesse** o blusão vermelho, **faria** sucesso.

Se tu ☆ .
Se ela ☆ .
Se nós ☆ .
Se vós ☆ .
Se elas ☆ .

6 - Complete com o verbo pôr:

Menina, ☆ o copo sobre a mesa. (Imperativo Afirmativo)
Nós ☆ o dinheiro no Banco. (Pretérito Perfeito)
☆ nosso nome na lista. (Futuro do Presente)
As galinhas ☆ ovos no ninho. (Pretérito Perfeito)

V - REDAÇÃO

1 - Conte a história dos astronautas de modo diferente.

2 - Faça de conta que você vai até à Lua viajando num foguete espacial.
Descreva a Terra vista do espaço.

VI - RECREAÇÃO

Um homem queria atravessar um rio, mas não havia barco.

A um velho que estava na margem, perguntou como poderia fazê-lo. Este apenas escreveu na areia:

X P T O

Que teria respondido o velho ?

(Resposta no "Manual do Professor")

GLOSSÁRIO

A

abrasador — que queima como brasa
acenar — agitar as mãos, um lenço etc.
acocorados — agachados, de cócoras
acolhedor — que recebe com carinho
açude — lago formado por água represada
adequado — apropriado
aipim — mandioca
alarme — sinal para avisar perigo
aldeia indígena — aldeia constituída de índios
além-mar — terras situadas além do mar
aliviada — calma, tranqüila
animado — estimulado, encorajado
ao sabor das ondas — à deriva, à vontade
apavorada — aterrorizada
apossar — tomar contar de, apoderar-se
apreensivo — preocupado
arauto — oficial do rei, que proclama as notícias de paz, guerra etc.
areião — grande extensão de areia
arenitos — rochas de grãos de areia
armar — aprontar, construir, tecer
arreganhar os dentes — mostrar os dentes com raiva
asfixiante — que sufoca, que asfixia
assinalar — marcar, indiciar
atônito — pasmado, admirado
ave de rapina — ave que se alimenta de animais apanhados com as garras
aventureiro — aquele que tenta a sorte ao acaso

B

bandeiras — expedições à procura de ouro e pedras preciosas
bandeirante — homem que fazia parte da bandeira
barra do dia — o amanhecer
bem-estar — conforto
bens — haveres, o que possui
bio-satélite — engenho espacial, levando seres vivos
bojo — saliência arredondada
brisa — vento brando, aragem
bufar — expelir com força ar pelo nariz e pela boca

C

caatinga — vegetação do nordeste brasileiro
cabaça — cuia feita com o fruto da cuieira
cacique — chefe que governa os índios
calcário — que contém cálcio
calmamente — sossegadamente, tranqüilamente
calmaria — ausência de ventos
canícula — grande calor atmosférico
características — traços que os filhos herdam dos pais
carajás — tribo indígena
caravelas — navios antigos, movidos pelos ventos
carniça — carne podre
carpir — arrancar
cientista — especialista em ciências
civilizado — bem educado
clareira — espaço sem árvores, dentro da floresta
colaborar — ajudar, cooperar
comunicação — ato de transmitir ou receber mensagens por meio de palavras, gestos etc.
complexo — confuso, complicado
compromisso perigoso — dívida que se deve pagar, sendo castigado por não cumprir o acordo
conclusão — fim, término, termo
conforto — bem-estar, comodidade
consoada — ceia da noite de Natal
conspirava — tramava, maquinava
contemplar — admirar
copada — com grande ramagem
copas — ramagens das árvores
corajosamente — sem medo, com coragem
correnteza — águas que correm sem cessar
corte — residência da Família Real
cosmo — Universo
costas — litoral
creche — abrigo para crianças cujas mães trabalham fora
cunhantaim — menina, na língua tupi
curumim — menino, na língua tupi

D

decididos — resolvidos
decisão — resolução
defende — protege
degredados — desterrados, exilados
delgada — fina
derrubada — ato de abater as árvores
desbravaram — exploraram
descerrou — abriu um pouquinho
desempenho — cumprimento do que está programado
despedindo chispas — soltando faíscas
desvendar — decifrar, compreender
detector de emoções — aparelho que registra um fenômeno e sua intensidade
detinha-se — parava, interrompia o passo
devora — engole de uma só vez, traga
disco luminoso — no texto, refere-se à Lua
diversas experiências — muitos ensaios, muitas pesquisas

E

econômico — que poupa; que controla os gastos
encostas — altos e baixos de terreno
engenho — máquina
engenho de açúcar — estabelecimento agrícola destinado à cultura da cana e fabricação do açúcar
enorme floresta trançadinha de mil segredos etc. — mães com mil qualidades, cheias de dons, repousantes
ensaio — experimento
entranhas — profundezas da terra
esbanjar — gastar em excesso, com desperdício
escondido — oculto
esforço — força, energia, vigor
estatelou-se — estirou-se, escarrapachou-se
esturricar — secar em excesso, quase queimar
evoluções — movimentos harmoniosos
exalaram — lançaram para fora de si
expandir — ampliar desenvolver
expedições — grupos de homens que exploram uma região
explorar — pesquisar, estudar
expressará — falará

F

farfalhar — ruído ou rumor das folhas das árvores
flagelo — suplício, tortura, calamidade
flutuar — boiar sobre as águas

G

galáxia — Via-látea
galharia — muitos galhos, ramagem das árvores
gesticular — fazer movimentos com o corpo
gesto — movimento em especial de braços e pernas
gráfico — representação escrita
gruta — grande abertura na pedra, natural ou artificial

H

haveres — bens, o que possui
herança — aquilo que se herda
herdeiros — sucessores, os que herdam

I

igaratê — onça, na língua tupi
imposto — tributo, contribuição
incauto — imprudente, sem cautela
incubação — choco
incumbência — encargo, missão
indolente — preguiçoso
inquieta — desassossegada, excitada
instinto materno — o cuidado, o amor que as mães têm pelos filhos, sem ninguém lhes haver ensinado
insulto — ofensa
intenso — forte
intrépido — corajoso, destemido
inúbia — trombeta guerreira dos índios
investigação — pesquisa
invólucro — envoltório

J

jardim zoológico — local destinado à exposição permanente de espécimes mais ou menos raras de animais
jenipapo — fruto do jenipapeiro, que serve para enegrecer o corpo dos índios

L

lenda — tradição popular
levas — em grupos, em quantidade
linguagem — tudo que serve para expressar idéias
Lobato — região da Bahia onde foi encontrado petróleo pela primeira vez.
lupa — lente simples para ampliar

M

maldosas — más
manancial — nascente de água
mangar — caçoar
marasmo — paralisação, inatividade
marujada — gente do mar
mensagem — comunicação falada ou escrita
mímica — gestos
minúsculo — pequenino
missão — função, incumbência
mistério — o que a inteligência humana não pode explicar
moitas — grupo espesso (fechado) de plantas

N

Natureza — todos os seres que constituem o Universo
naus — antigos navios
naves espaciais — aeronaves
navio "negreiro" — navio que transportava escravos negros

O

observar — examinar minuciosamente
oca — cabana de índios
ocos — vãos, buracos, vazios
olhar pasmado — olhar admirado

P

perceber — notar
percurso — trajeto, espaço percorrido
perdulário — gastador
perfil — contorno, silhueta
perfurar — furar, fazer escavações
perfuratriz — máquina para perfurar o chão
perturbada — atrapalhada, embaraçada
petróleo — combustível líquido natural
pirilampo — vaga-lume
planos — projetos
põe em dúvida — nega; não tem certeza
pranto doloroso — pranto doído, de quem está sofrendo
previdente — previnido, prudente
progresso — melhoria
prole — filhos
prosperar — progredir
protegem — abrigam, cuidam, amparam
pujança da seiva — força da saúde

Q

queixas — reclamações, protestar contra
quietude — sossego, tranqüilidade

R

reação — defesa contra uma ameaça
reanimar — restituir a vida
recepção — ato de receber
Recôncavo baiano — região da Bahia
reconforta — dá ânimo, dá conforto
redondeza — cercanias; arredores de um lugar
refletido — espelhado
relinchou — rinchou (a voz do cavalo)
rendidas — vencidas, dominadas
repouso — descanso
repreende — chama a atenção com energia
repuxo — puxão violento, fazendo esguichar
ressequido — muito seco, ressecado
retirante — sertanejo que foge à seca do nordeste
revoada — vôos repetidos e alegres
riacho — córrego, arroio, regato
rolete — parte que fica entre os nós da cana
romperam — quebraram, partiram
rugiu — urrou

S

sacrifica — consagra-se inteiramente
satélite da Terra — a Lua
se compadeceu — teve pena, teve dó
se contenta — se satisfaz, fica satisfeito
segredando — cochichando
segura — protegida
selva — bosque, matagal
serra — cadeia de montanhas, com muitos picos
sertanejo — homem que habita o sertão
silvestre — do campo
sinais — meios visuais ou auditivos, para transmitir mensagens
solidão — que vive só; isolamento
subsolo — parte do solo, por baixo da camada visível
subterrânea — que fica debaixo da terra
superfície — na lição significa: sobre a água
suspeitou — desconfiou

T

taba — aldeia de índios
tacape — arma dos índios
tacha — tacho grande, usado nos engenhos
tamborim — tambor pequeno
tarde esbraseada — tarde quente como brasa
temendo — tendo medo, receando
temores — medos, receios
ternura — carinho
tesouros — grande porção de objetos preciosos
transmitem — comunicam por herança ou por contágio
travessura — traquinice, maldade de criança
trepava — subia, usando as mãos e os pés
trina — canta, gorjeia com suavidade
tripulação — pessoal a serviço de uma embarcação
tupi-guarani — indígenas que habitavam o Brasil em 1500

U

urrou — berrou forte e rouco
usina — estabelecimento equipado com máquinas; fábrica

V

vales — terras baixas entre montanhas
vassalo — aquele que é subordinado a um senhor
vastidão — grande extensão
verdejante — verde, verdoso
vigor — força, robustez
viscoso — pegajoso
vociferava — bradava, praguejava

X

xingou — dirigiu insultos, ofendeu com xingos

Z

zunindo — assobiando, sibilando

BIBLIOGRAFIA CONSULTADA

ALMEIDA, Napoleão Mendes de. Dicionário de Questões Vernáculas — Editora "Caminho Suave" Limitada — São Paulo — S.P.

ALMEIDA, Napoleão Mendes de. Gramática Metódica da Língua Portuguesa — Editora Saraiva — 1984 — São Paulo — S.P.

BACHA, Magdala Lisboa. Desenvolvimento da Leitura na Escola Primária. Ao Livro Técnico S/A — Rio de Janeiro — R.J.

CASCUDO, Luís da Câmara. Dicionário do Folclore Brasileiro. 5.ª edição, São Paulo, Melhoramentos, 1980.

FERREIRA, Aurélio Buarque de Holanda. Novo Dicionário da Língua Portuguesa — Editora Nova Fronteira — 1979 — Rio de Janeiro — R.J.

FERREIRA, Maria Luiza A. Cunha. "Formação e Desenvolvimento de Conceitos" — PABAEE — Minas Gerais.

NICOLAU, Marieta Lúcia Machado. Subsídios para a Implementação do Guia Curricular de Língua Portuguesa para o 1.º Grau — 3.ª e 4.ª séries — SE — CENP — DRHU — 1979 — São Paulo — S.P.

PIAGET, Jean. A Linguagem e o Pensamento da Criança — Editora Fundo de Cultura — 1961.

PIAGET, Jean. Seis Estudos de Psicologia — Rio de Janeiro — Editora Forense — 1969.

RUIZ, Corina Maria Peixoto. Didática do Folclore. Papelaria América Editora — Rio de Janeiro — R.J. — 1976

SILVEIRA, Juracy. Leitura na Escola Primária — Editora Conquista — Rio de Janeiro — 1966.

SONG, Maria do Carmo Junho. Manuais de Linguagem para a 3.ª e 4.ª séries primárias — A Grafiquinha Editora — Belo Horizonte — M.G. —

Impresso nas oficinas da EDITORA FTD SA